国家软科学研究计划项目和
教育部新世纪优秀人才支持计划项目资助出版

中国引进外资
经济效应实证分析

刘建民等　著

ZHONGUO
YINJIN WAIZI
JINGJI XIAOYING SHIZHENG
FENXI

人民出版社

序

　　作为一个重要的国际经济现象,外商直接投资的发展已有一个多世纪的历史。特别是 20 世纪 60 年代以来,发达国家之间的直接投资迅猛发展,并占据国际直接投资的主流地位。之后,随着发展中国家先后开放国内市场,采取积极的引进外资政策,流向发展中国家的外商直接投资持续增长,由此促进了这些国家经济的迅速发展,并极大地推动了经济全球化进程。作为经济发展的强大动力,外商直接投资成为各国经济发展的重要标志,也对东道国经济生活产生了深刻影响。

　　改革开放以来,我国在引进外资方面取得了举世瞩目的成就。随着引进外资数量的逐年增加以及利用外资规模的不断扩大,外资已成为繁荣地区经济、增加就业、促进对外贸易发展、带动产业升级的重要推力。但我们也必须看到,我国在利用外资过程中存在的某些问题,如外资的技术转移不强、外资的地区分布和产业分布不平衡、外资加大了资源紧张和环境污染的压力以及外资对产业安全所构成的威胁。另外,值得注意的是,当前是我国经济发展内部风险较为集中、外部环境存在制约的时期。一方面,我国能源和重要矿产资源相对不足,生态环境比较脆弱,经济增长方式转变缓慢,劳动力成本的比较优势有所减弱等问题比较突出;另一方面,世界经济增长持续放缓,全球经济发展不平衡,国际金融市场发生剧烈动荡,贸易保护主义倾向明显,各国对国际资本的争夺日趋激烈。

　　面对利用外资的双面效应以及当前的国内外经济形势,中国如何应对,应该怎样处理利用外资过程中所产生的问题,事关中国经济能否持续快速健康发展。而对于这一问题的研究,学术界向来存在三种观点:一种认为中国应以更加开放的心态面对全球化竞争,更加积极主动地引进外资,以此推动市场经济体制和企业经营机制的转变,从根本上解决引资以及经济发展过程中存在的问题;另一种观点则认为加重环境污染、威胁产业安全和国家经济安全等引资的负面效应会对我国经济产生破坏性的影响,应减缓或者停止引进外资;第三种观点,也是本书所持有的观点,则认为对于利用外资应以更加理性、谨慎的态度来看待,既不能不顾引资的负面效应盲目引进外资,也不能过于保守,对外资进行"一刀切",要想办法调整利用外资的结构,推动利用外资从"量"到"质"的根本转变,使利用外资与国内经济社会协调发展。要实现这种转变,显然离不开引进外资政策的引导,因此,对当前我国引资经济效应和引资政策调整的研究,也就成为我国更好地利用外资,使其进一步适应经济社会发展的题中之义。

本书直接面向我国经济改革与发展的实际,从理论上构建引资行为的分析框架,充分运用我国已有的数据样本展开实证分析,在全面评估我国引资绩效的基础上,深入揭示了外资对我国经济增长、区域经济协调发展、对外贸易竞争力提高、就业以及产业结构调整的正负经济效应,详细阐明了外资与我国税收政策和环境保护政策的相互关系,探索出我国引资的基本规律,研究了我国引资战略调整的方向、步骤及其具体内容,并提供了一个科学合理的实施方案。本书对我国引资经济效应和政策调整独立而系统的研究,对我国引进外资的发展具有重要的理论意义和深刻的现实影响,其特点主要体现在以下几个方面:

第一,在改革开放的背景下,从发展的角度,对我国的引资战略和政策的演变进行了比较系统的考察和分析,并结合多年来我国引进外资的发展轨迹和特点,总结引资过程中所产生的问题以及引资战略与经济发展要求间所存在的偏差,探索引进外资发展和引资政策调整的总体方向,旨在为相应的对策提供依据。

第二,以经济学的眼光,提炼外商直接投资的前沿理论、投资政策以及相关效应,并总结和评价了近年来国内外学者关于利用外资的经济增长效应、技术溢出效应、就业效应、贸易效应以及引资与我国区域经济增长差异、环境保护政策等方面的相关研究。在这些丰富而广泛的研究基础上,提出本书就同一问题的观点,进行系统而深入的分析。

第三,立足于中国经济发展的基本特征,将规范分析与实证分析有机地结合起来,通过对一般化分析方法和模型的修正,将一般经济规律应用于我国引资的具体实践,并经过选择运用大量我国的数据样本以及典型地区、行业样本对核心思想进行论证,实现了理论与实证的和谐统一。

第四,落脚于我国经济发展改革的实际需要,直面现阶段引进外资所产生的负面效应和引资政策偏差这一重大宏观经济管理问题,提出与我国经济发展阶段相一致的、有应用价值的引资政策模式。一是我国整体引资战略目标的思路调整,具体包括引资方式调整、引资结构调整、引资激励方法调整、引资对象调整、引资产业布局选择以及引资风险防范对策;二是我国引资政策的方案设计,对我国引资的产业政策、区域经济发展政策、就业政策、贸易政策、财税政策以及环境保护政策展开详细设计,作为对我国引进外资发展的积极探索,这套系统的方案设计无疑具有重要的现实意义。

是为序。

2008 年 9 月于长沙

目　录

导　论

一、研究背景及意义

利用外资是我国对外开放战略的重要内容,从1978年起,政府制定了一系列鼓励外资进入的政策与措施,并实施了"经济特区——沿海开放城市——经济开放区——内地"的区域开放战略。进入20世纪90年代,外资开始大规模进入我国。为保障外资企业的生产经营活动和正当权益,政府先后制定和完善了外商投资法律法规,修订了《外商投资产业指导目录》,扩大外商投资领域,加大外商投资开放程度。

随着引资战略与政策的不断调整和发展,我国外商投资高速增长。1979~2006年期间,我国外商直接投资年平均增长17.8%[①],外商投资的高速增长使得外商直接投资额在我国国内生产总值中所占比重从1985年的0.54%上升到1994年的6.04%,提高了5.5%,此后这一比重每年都稳定地保持在4%左右。到2002年,中国成为全世界年吸引外资最多的国家之一,截至2006年年底,全国累计设立外商投资企业59万多家,实际使用外资金额超过7000亿美元。

大量外资的进入不仅有力地促进了我国经济的快速增长,而且还带来了先进技术、管理经验、营销理念,从而推动国内企业增强竞争力,提高经济效益。但另一方面,随着外资数量的不断增加,引资过程中出现的问题也逐步显现出来。首先,利用外资的质量不高,国外先进技术的转移远没有达到我国的需求;其次,引资结构不合理,外资在空间和产业分布上失衡;再次,外资增长方式转变缓慢,引资的环境成本过高。针对这些问题,需要对"十一五"时期引资战略及政策进行有效调整,以应对国内外环境变化和我国对外开放的进一步扩大,改变外资的理念和方式,调整外资在空间和产业上的分布,提高利

---

① 本书所引用的数据全部来自各年《中国统计年鉴》、《中国商务年鉴》或据其整理计算。

用外资质量。

二、研究内容及逻辑思路

本书直接面向我国经济改革与发展的实际,从理论上构建引资行为的分析框架,充分运用我国已有的数据样本展开实证分析,在全面评估我国引资绩效的基础上,深入揭示外资对我国经济增长、区域协调发展、产业结构调整、税收收入以及环境保护等各方面的正负经济效应,探索我国引资的基本规律,研究我国引资战略调整的方向、步骤及其具体内容,提供一个科学合理的实施方案。因此,本书的研究主要分为以下三个部分:

第一部分,主要研究我国引资战略和政策的发展历程与引资现状。首先在回顾自改革开放以来我国引资战略及政策的基础上,揭示当前引资战略与经济发展要求间存在的偏差:"以市场换技术"的目的没有达到、外资的"超国民待遇"对内资的"挤出"、引资政策忽略了引资的效益且未重视外资分布结构问题。其次从外资的规模、区域分布、产业分布及技术转移状况多方面分析我国引进外资的现状,从定量的角度对我国的引资规模、引资结构进行详细描述,揭示我国引资质量和效果。

第二部分,是本书的主体,着重研究我国引资的各种经济效应以及这些效应与引资的相互关系。这一部分各章节的内容将从以下几个方面展开:首先是文献综述。国内外关于引资效应的研究相当丰富而广泛,研究主要集中在利用外资的经济增长效应、技术溢出效应、就业效应、贸易效应等几个方面。针对我国经济发展的特殊情况,也有诸多学者对引资与我国区域经济增长差异、FDI 促进二元经济转型与劳动力转移等方面进行了研究。但以上几个方面的研究基本上都是相分离的,缺乏整体性,研究方法上也基本按理论与实证分为两类。本书将从我国经济改革和发展的实际出发,从现状到理论再到实证,系统全面地分析我国引资的综合经济效应,从而提出切实可行的引资政策调整方案。其次是基于一般分析框架研究利用外资的经济效应。主要基于中国经济发展的基本特征,构建引资效应分析框架,对现有引资效应展开分析,具体从以下几个方面展开:经济增长效应、技术溢出效应、就业效应、FDI 对服务贸易的影响、FDI 与税收的关系以及引进外资与环境保护的关系。再次是对我国利用外资的经济效应进行实证研究。在理论分析的基础上,一方面,通过运用中国的数据样本对引资的经济效应进行实证分析,揭示外资的利用与我国经济发展的数量关系;另一方面,通过选取典型的地区以及产业样本,通过案例分析来反映部分地区与产业的外资利用状况,反映外资的地区和产业集聚度,揭示引资地区选择以及引资领域选择中的规模问题和结构问题。

　　第三部分,研究我国引资的战略调整目标与政策设计方案。一是我国"十一五"时期引资对策整体战略目标:实现外资增长方式的转变,提高外资利用效率,缓解资源约束、减少污染,在实现外资结构合理化基础上使其大力促进我国技术进步和经济发展;二是我国引资政策的方案设计,对我国引资技术转移政策、区域投向政策、产业发展政策以及环境保护政策展开详细设计,强调不同政策的差异与配合,体现各类政策功能的差异性和关联度,谋求我国引资政策与经济发展良性互动的发展轨道。

三、本书研究的创新

　　(一)突出中国不发达市场经济和"十一五"时期我国经济发展的实际需要这个研究的基本切入点。本书作为应用基础研究项目,直接面向解决我国现阶段引资战略偏差这一重大宏观经济管理问题,通过对一般化分析方法和模型的修正,提出与我国经济发展阶段相一致的、有应用价值的引资战略制定的理论框架、效应分析模型和引资战略模式。

　　(二)充分利用我国的数据样本展开实证研究,将相关的定性描述进一步数量化,实证分析引资战略变动与经济变量间的具体数量关系,从数量上揭示引资战略调整对投资者主体行为、经济总量和经济结构的影响方向及程度。

第一章　中国引资战略、政策及引资状况

改革开放以来,我国的引资实践取得了辉煌的成果。在当前新的经济形势下,回顾我国引资战略与政策的演变过程,总结其中的经验教训,对"十一五"时期进一步深化改革、调整引资战略、完善引资政策具有重要的理论和现实意义。

第一节　改革开放以来中国的引资战略与政策

一、我国引资战略与政策回顾

依据引资战略和政策的变化,可将我国改革开放以来的引进外资分为三个阶段:

第一阶段:1979 年改革开放至 1992 年邓小平南方谈话前。1978 年 12 月召开的中共十一届三中全会,确立了实事求是、解放思想和以经济建设为中心的思想路线,改革开放、利用外资成为国家经济生活的主题。政府出台了一系列利用外资的重大政策和措施:1979 年 7 月,我国政府颁布了第一个利用外资的法律《中华人民共和国中外合资经营企业法》,中央转批了《关于发挥广东的优越条件,扩大对外贸易,加速经济发展》和《关于利用侨资、外资发展对外贸易,加速福建社会主义建设的请示报告》两个文件。同年 8 月,国务院设立外国投资管理委员会,继决定对广东、福建两省的对外经济活动实行特殊优惠政策之后,将深圳、珠海、汕头及厦门设置为经济特区,允许外商采取来料加工装配、补偿贸易、合资经营以及独资经营等多种经营形式,享受优惠政策。1984 年 5 月,国家进一步开放大连、天津、上海、广州等 14 个沿海港口城市。1985 年 2 月,把长江三角洲和珠江三角洲以及闽南厦门、泉州、漳州三角地区开辟为沿海经济开发区。1988 年 3 月,把山东半岛、辽东半岛、环渤海地带开辟为沿海经济开发区。1988 年和 1990 年又先后开放了海南经济特区和上海

浦东新区,从而构建了"经济特区——沿海开放城市——经济开放区——内地"的利用外资格局。1986年10月,国务院制定了《国务院关于鼓励外商投资的规定》,使我国利用外资工作朝向规范化、法制化方向发展。这一时期,我国虽然制定了很多鼓励外商来华投资的政策,但由于改革开放时间不长,外商担心中国政策的稳定性以及对中国国内环境缺乏了解,真正进入我国市场投资的很少。1979~1991年,我国合计利用FDI仅233.5亿美元,FDI占国内固定资产投资的比重也比较低。

第二阶段:1992年邓小平南方谈话至2001年中国入世前。进入20世纪90年代,随着经济全球化的浪潮不断加强,邓小平以战略家的眼光认识到,"任何一个国家要发展,孤立起来,闭关自守是不可能的,不加强国际交往,不引进发达国家的先进经验、先进科学技术和资金,是不可能的"。对中国来说,随着中国国际环境的改善,就应该抓紧时机对外开放。邓小平说:"一切有利于发展社会生产力的方法,包括利用外资和引进先进技术,我们都采用。""吸收外国资金,这是作为发展社会生产力的一个补充,不用担心它会冲击社会主义制度。"①邓小平的南方谈话使人们对社会主义经济发展、吸引外资有了全新的认识,我国掀起了建设社会主义市场经济的高潮。与此同时,FDI的进入也快速增长,当年的FDI就超过了100亿美元,是1991年的近3倍,到1996年,我国吸引FDI突破400亿美元。在这一阶段,我国外资企业法律也不断完善。1995年颁布了《关于设立外商投资股份有限公司若干问题的暂行规定》,另外,按照不同的投资行业制定了越来越多的专项外资立法,如1991年的《外商投资开发经营成片土地暂行管理办法》、1995年的《外商投资举办投资性公司的暂行规定》、《关于设立外商投资建筑业企业的若干规定》以及1996年《关于设立中外合资对外贸易公司试点暂行办法》等。2000年全国人大对中外合作经营企业法、外资企业法进行了修改,2001年全国人大对中外合作经营企业法进行了修改,使国内法律同世贸组织规则相衔接,为外资企业的生产经营活动和正当权益提供保障。

第三阶段:2001年中国入世至今。入世后,为适应加入世贸组织的新形势,我国开始全面调整和完善外商投资法律、法规和规章,初步建立既符合社会主义市场经济需要又符合世贸组织规则要求的对外经济贸易法律体系。对外商投资法律法规进行了全面清理,对其中不符合世贸组织规则的内容进行

---

① 《邓小平文选》第3卷,人民出版社1993年版,第117、130、135页。

了修订。最主要的包括对外商投资的基本法律法规,即《中华人民共和国中外合资经营企业法》、《中华人民共和国中外合作经营企业法》、《中华人民共和国外资企业法》及其实施细则(或实施条例)的修订,取消了对外商投资企业的外汇平衡条款、"当地含量"条款、出口业绩要求和企业生产计划备案条款等。2002 年,我国还修订了新的《外商投资产业指导目录》。新《目录》共分为鼓励、允许、限制和禁止四类,明显加大了对外商投资的开放程度:一是鼓励类由 186 条增加到 262 条,限制类由 112 条减少到 75 条;二是放宽外资对国内企业的并购及外商投资的股份比例限制,如取消港口共用码头的中方控股要求;三是开放新投资领域,将原禁止外商投资的电信和燃气、热力、供排水等城市管网首次列为对外开放领域;四是进一步开放银行、保险、商业、外贸、旅游、电信、运输、会计、审计、法律等服务贸易领域;五是鼓励外商投资西部地区,放宽外商投资西部地区的股份比例和行业限制;六是发挥市场竞争机制作用,将一般工业产品划入允许类,通过竞争促进产业、产品结构升级。至今,我国仍在不断加大外商投资的开放程度,与此同时 FDI 的进入量也不断迈上新台阶。2002 年我国实际利用 FDI 突破 500 亿美元,2007 年突破 800 亿美元(见表1—1),中国成为世界上最具有外资吸引力的国家。

表1—1 1979～2007 年中国利用外资情况

年度	FDI（亿美元）	GDP（亿元）	FDI 占 GDP（％）
1979～1984	41.04	32057.6	
1985	16.58	9040.7	0.54
1986	18.75	10274.4	0.63
1987	23.14	12050.6	0.71
1988	31.94	15036.8	0.79
1989	33.92	17000.9	0.75
1990	34.87	18718.3	0.89
1991	43.66	21826.2	1.06
1992	110.07	26937.3	2.25
1993	275.15	35260.0	4.49
1994	337.67	48108.5	6.04
1995	375.21	59810.5	5.24

年度	FDI （亿美元）	GDP （亿元）	FDI 占 GDP （％）
1996	417.26	70142.5	4.94
1997	452.6	77653.1	4.83
1998	454.6	83024.3	4.53
1999	403.2	88189.0	3.78
2000	407.1	98000.5	3.43
2001	468.8	108068.2	3.59
2002	527.4	119095.7	3.66
2003	535.05	135174.0	3.27
2004	606.30	159586.7	3.14
2005	603.25	184088.6	2.68
2006	694.68	213131.7	2.60
2007	835.2	251481.2	2.53

资料来源：历年中国统计年鉴。

二、我国引资战略与政策的思考

随着外资法规的出台并得到实施，我国的引资政策不断完善，但仍有不少值得关注与思考的问题存在：

第一，引资政策的目的没有完全达到。对于发展中国家来说，引进外资主要为了达到两个目的：弥补资金短缺与引进先进技术。在改革开放的早期，我国就提出过"以市场换技术"的外资政策，然而经过 20 多年的实践结果却不尽人意。大量 FDI 的进入，并没有带动我国自主创新能力的大幅提高，通过外资引进的先进技术在量和质两方面都偏低，外资的"技术溢出"成效不显著。因此，加强外资的"技术溢出"效应、提高我国的自主创新能力是调整引资战略的主要任务及长期目标。

第二，外资的"超国民待遇"对内资的"挤出效应"。改革开放初期，出于引进外资的需要，我国出台了许多吸引外资的优惠政策，这对于当时吸引外资起到了很好的推动作用。然而，加入 WTO 后，继续维持的外资企业优惠政策，却进一步扩大了民族产业与外资企业之间的差距，加剧了资源配置的不平衡性。我国给予外资企业的"超国民待遇"主要在政策及政策执行层面上，表现在:外资在税收、土地使用、信贷支持、外汇、审批程序各个方面享有"超国民待遇",却没有普及给内资企业;内外资政策在系统配套方面严重不对称,外资政策能真正兑现,而一些内资政策却无法落实。这种不公平的内外资政策无疑将对内资产生挤出,阻碍我国民族产业的发展。

第三,引资政策只注重外资的规模而轻视其效益。长期以来,尤其在引进外资的早期,我国出台的外资政策都只注重如何加大引资力度,而轻视引资的效益。一些地方政府及领导盲目追求招商引资的"政绩",重引资数量而忽视引资质量,经常将劳动密集、自然资源密集、污染密集的产业移入我国,从而导致资源大量消耗和生态环境的巨大破坏,使引进外资战略的可持续性大大减弱,也给经济带来了严重的损失。在提倡自主创新和建设节约型社会的今天,引进外资政策应该从以前的只注重外资数量转向注重引资质量、引资效益。

第四,引资政策没有重视外资结构问题。引资政策对引进外资结构的忽略使得目前外资在中国的产业结构和区域结构上都存在着不平衡。一是外资产业结构的失衡。近年来,我国实际利用外资金额中制造业占了绝大部分;农业和服务业的比重不高。二是外资区域结构的失衡,主要表现在:东部地区所占份额过大,中西部地区所占份额太小。从外商直接投资来看,85%都集中在东部地区,中西部地区只有15%。虽然国家已先后开始实施"西部开发"、"中部崛起"等战略,鼓励外资向中西部转移,但要从根本上调整外资的区域结构失衡还有很长一段路要走。

第二节　改革开放以来中国的引资成就与问题

一、外资的规模及特点

改革开放以来,尤其是近十几年以来,我国引进外资发展迅速,入世后的2002 年,全年合同外商直接投资金额 827.68 亿美元,同比增长 39.03%,实际使用外商直接投资金额 527.43 亿美元,同比增长 19.6%,这一年我国首次超过美国而成为世界上吸引外资最多的国家。到2006 年,我国实际使用外商直接投资已接近 700 亿美元,占国内生产总值的 2.60%(见表1—2)。虽然在整体数量规模上,引进外资取得了较快增长,但外资在我国经济发展中的地位并非稳固提升,这主要表现在以下几个方面:

表1—2 1996～2006年我国引进外资规模 项目单位:个;金额单位:亿美元

年度	合同利用外资项目	合同利用外资总额	合同外商其他投资	合同FDI金额	实际利用FDI	GDP（亿元）	FDI占GDP比率
1996	24673	816.10	3.71	732.76	417.26	70142.5	4.94
1997	21138	610.58	41.82	510.03	452.57	77653.1	4.83
1998	19850	632.01	27.14	521.02	454.63	83024.3	4.53
1999	17022	520.09	24.26	412.23	403.19	88189.0	3.78
2000	22347	711.30	87.50	623.80	407.15	98000.5	3.43
2001	26140	719.76	27.81	691.95	568.78	108068.2	3.59
2002	34171	847.51	19.82	827.68	527.43	119095.7	3.66
2003	41081	1169.01	18.32	1150.69	535.05	135174.0	3.27
2004	43664	1565.88	31.09	1534.79	606.30	159586.7	3.14
2005	44001	1925.93	35.28	1890.65	603.25	184088.6	2.68
2006	41485	2046.63	44.89	2001.74	694.68	213131.7	2.60

资料来源:历年中国统计年鉴。

第一,外商直接投资不断增加的同时其占国内生产总值的比重呈下降趋势。由表1—2可见,在实际利用外商直接投资和国内生产总值整体上不断提高的同时,FDI占GDP的比重却正好相反,呈不断下降的趋势。

第二,外商直接投资占社会固定资产投资的比重有所下降。从1992年起,FDI占社会固定资产投资的比重快速提高,1994年达到17.08%,突破这一高峰后,我国引进FDI的规模相对稳定,但其占社会固定资产的比重却逐步下降。即使2002年后我国引进FDI再次大规模扩张,但FDI占社会固定资产的比重2003～2006年却分别下降到8.03%、7.16%、6.69%、5.03%(参见表1—3)。从图1—1也可以看出,在固定资产投资资金构成中,利用外资经历了1992～1998年的高峰后就在逐步下降,2003年外资占固定资产投资资金的比例降到了国家预算内资金之下。

第三,外资工业产值占全国工业总产值比重提高乏力。外资企业工业产值从1990年的448.95亿元到2005年的78399.40亿元,翻了175倍,外资工业产值占全国工业总产值的比重也从2.28%提高到31.41%。这十几年的引进外资使其在我国工业总产值当中的地位发生了飞跃,但近几年这种地位却显得略有下降,2004年外资企业工业产值占工业总产值的比重为31.43%,比2003年下降了4.44个百分点,2005年又继续下降了0.02个百分点(参见表1—4)。

表1—3 我国外商直接投资占全社会固定资产投资比重(1992～2006 年)

年度	全社会固定资产投资		实际使用 FDI (亿美元)	占固定资产投资 比重(%)
	(亿元人民币)	(折合亿美元)		
1992	8080.10	1465.22	110.08	7.51
1993	13072.30	2268.71	275.15	12.31
1994	17042.30	1977.34	337.67	17.08
1995	20019.30	2397.23	375.21	15.65
1996	22974.00	2763.22	417.26	15.10
1997	25300.00	3059.97	452.57	14.79
1998	28457	3437.29	454.62	13.23
1999	29876.0	3608	403.18	11.17
2000	32619.0	3944.26	407.15	10.32
2001	36898.0	4458.11	468.46	10.51
2002	43202.0	5223.94	527.43	10.10
2003	55118.0	6664.81	535.05	8.03
2004	70073.0	8466.2	606.30	7.16
2005	88604.0	10816.31	603.25	6.69
2006	109998.2	13782.51	694.68	5.03

资料来源:《中国商务年鉴》(2007)。

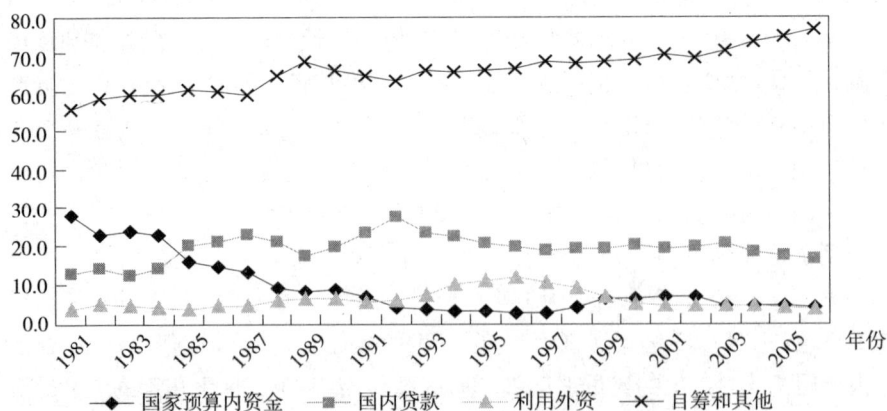

图1—1 历年来固定资产投资资金来源构成比例

资料来源:《中国统计年鉴》(2007)。

表1—4　外商投资企业工业产值占全国工业总产值比重(1990~2006年)

单位:亿元

年度	全国工业总产值	外资企业工业产值	所占比重(%)
1990	19701.04	448.95	2.28
1991	23135.56	1223.32	5.29
1992	29149.25	2065.59	7.09
1993	40513.68	3704.35	9.15
1994	76867.25	8649.39	11.26
1995	91693.28	13154.16	14.31
1996	99595.55	15077.53	15.14
1997	56149.70	10427.00	18.57
1998	58195.23	14162.00	24.00
1999	63775.24	17696.00	27.75
2000	73964.94	23145.59	22.51
2001	94571.78	26515.66	28.05
2002	101198.73	33771.09	33.37
2003	128306.14	46019.55	35.87
2004	187220.66	58847.08	31.43
2005	249625.00	78399.40	31.41
2006	315630.14	99420.83	31.50

资料来源:《中国商务年鉴》(2007)。

　　第四,以外商投资为主的涉外税收增长放慢。改革开放以来,特别是20世纪90年代以来,随着经济的飞速发展,我国的税收总额不断攀升,其中涉外税收也增长惊人。1993~1995年,我国的涉外税收总额分别为226.56亿元、402.64亿元、604.46亿元,增幅分别高达85.31%、77.72%、50.12%,均高出全国税收总额几十个百分点。随后几年,涉外税收总额的增幅也基本上保持在30%左右,直到2002年增长放缓到20.95%,2004年、2005年增幅更是低于全国税收总额的增幅水平,2006年略有回升(参见表1—5)。

表 1—5　我国以外商投资为主的涉外税收统计（1992～2006 年）　　单位:亿元

年度	全国工商税收总额	增幅（%）	其中:涉外税收总额	增幅（%）	占全国总额（%）
1992	2876.10	- - -	122.26	- - -	4.25
1993	3970.52	38.05	226.56	85.31	5.71
1994	4728.74	19.10	402.64	77.72	8.51
1995	5515.51	16.64	604.46	50.12	10.96
1996	6436.02	16.69	764.06	26.40	11.87
1997	7548.00	17.31	993.00	29.97	13.16
1998	8551.74	13.30	1230.00	25.94	14.38
1999	10311.89	13.40	1648.86	33.78	15.99
2000	12665.00	12.66	2217.00	35.45	17.50
2001	15165.00	19.74	2883.00	30.04	19.01
2002	17004.00	12.13	3487.00	20.95	20.52
2003	20461.60	20.34	4268.00	22.81	20.86
2004	25723.00	25.70	5355.00	25.44	20.81
2005	30687.03	20.00	6391.34	19.35	20.71
2006	37636.00	21.93	7976.94	24.81	21.19

资料来源:《中国商务年鉴》(2007)。

注:来源于外商投资企业的税收占涉外税收的 98% 以上,其中不包括关税和土地费。

二、外资的区域分布

近十几年来,FDI 大规模的进入,有力地促进了我国的改革开放,并在很大程度上推动了我国经济的持续快速增长。然而另一方面,FDI 在我国空间分布结构失衡却日益加剧,区域性差异明显,其空间布局主要有以下几个特点:

第一,从东中西三大地区看,依然保持着"东高西低"的基本格局。1985年,中央在《关于制订国民经济和社会发展的第七个五年计划的建议》中将中国划分为东部、中部和西部三大经济区域,成为至今仍指导我国生产力布局和宏观经济政策的重要区域划分依据,而外资的空间分布也在这种区域划分基础上呈现出"东高西低"的特点。东部地区是实际利用外资最多的地区,1983

年到 2005 年间,东部地区实际利用外商直接投资 5679.64 亿美元,占同期全国实际利用 FDI 的 86.20%。从单个年度看,无论是绝对数额还是相对比重,东部地区引进外资在三大区域中都占绝对优势。但随着我国经济发展水平的不断提高,东部地区外商投资比重呈下降的趋势,由 1983～1991 年的 90.59% 下降到 1992～2000 年的 86.79%,进而下降到 2001～2006 年的 82.00%,但整体的下降幅度不高。与此同时,中部地区外商投资比重呈逐步上升的态势,由 1983～1991 年的 5.12% 上升到 1992～2000 年的 9.13%,而后上升到 2001～2006 年的 11.00%(参见表 1—6)。由此可见,FDI 从东部沿海向中部转移的效果初步显现,向西部地区流动的形势也不明显,"东高西低"的外资格局依然存在。

表 1—6　FDI 在我国三大区域数额及其分布

年度	总额	FDI(万美元)			FDI 的地理分布(%)		
		东部	中部	西部	东部	中部	西部
1983	57655	53579	647	3429	92.93	1.12	5.95
1984	88546	85650	1050	1846	96.73	1.19	2.08
1985	132061	118399	6903	6759	89.65	5.23	5.12
1986	174165	150805	13336	10024	86.59	7.66	5.75
1987	178273	157898	8233	12142	88.57	4.62	6.81
1988	314973	274101	22818	18054	87.02	7.25	5.73
1989	343733	310703	19738	13292	90.39	5.74	3.87
1990	343615	320133	13832	9650	93.17	4.02	2.81
1991	442583	409221	19817	13545	92.46	4.48	3.06
1992	1100402	1004650	74993	20759	91.30	6.81	1.89
1993	2734174	2388799	242799	102576	87.37	8.88	3.75
1994	3326765	2622005	261269	143491	87.93	7.86	4.31
1995	3721549	3264139	342936	114474	87.71	9.21	3.08
1996	4147007	3653815	392417	100775	88.11	9.46	2.43
1997	4637439	3993650	485248	158541	86.12	10.46	3.42
1998	4719149	4133417	448377	137355	87.59	9.50	2.91

年度	总额	FDI(万美元)			FDI 的地理分布(%)		
		东部	中部	西部	东部	中部	西部
1999	4145307	3649131	382167	114009	88.03	9.22	2.75
2000	4204386	3702825	379246	122315	88.07	9.02	2.91
2001	4831353	4243734	444388	143231	87.84	9.20	2.96
2002	5473958	4792288	540436	141234	87.55	9.87	2.58
2003	5336466	4538622	585392	212452	85.05	10.97	3.98
2004	7061286	6090535	724943	245808	86.25	10.27	3.48
2005	8373917	6838331	1098898	436688	81.66	13.12	5.22
2006	11061299	8255581	1402859	666035	79.96	13.59	6.45
1983—1991	2075604	1880489	106374	88741	90.59	5.12	4.31
1992—2000	32736178	28412431	3009452	1014295	86.79	9.13	4.02
2001—2006	42138279	34759091	4796916	1845448	82.00	11.00	7.00
1983—2006	76950061	65052011	7912742	2948484	84.00	10.00	6.00

资料来源:经各年《中国统计年鉴》整理,2004、2005、2006 年数据根据统计公报整理。

注:东部地区包括:北京、天津、辽宁、河北、山东、江苏、上海、浙江、福建、广东、海南、广西;中部地区包括:黑龙江、吉林、山西、河南、湖北、湖南、安徽、江西、内蒙古;西部地区包括:新疆、西藏、甘肃、青海、陕西、贵州、云南、宁夏、四川。

第二,从沿海地区内部看,出现了外资"北上"的强劲势头。在沿海地区,加入 WTO 后,外商在华直接投资出现了"北上"趋势,即从以珠江三角洲为核心的南部沿海地区逐步向以长江三角洲、环渤海湾为核心的中部和北部沿海地区转移扩散。如表 1—7 所示,自 20 世纪 90 年代以来,珠江三角洲地区 FDI 所占比重逐步下降,而环渤海地区及长江三角洲地区 FDI 所占比重不断提高。这种趋势在我国 2001 年入世后表现得尤为明显。2006 年环渤海地区吸引外国直接投资占全国 FDI 的 38.40%,比 2000 年提高了 18.08 个百分点,比 1991 年提高了 16.44 个百分点;同期长江三角洲地区吸引外商直接投资占全国 FDI 的 40.11%,比 2000 年提高了 13.47 个百分点,比 1991 年提高了 29.80 个百分点;而珠江三角洲地区 2006 年吸引外商直接投资只占全国 FDI 的 17.36%,比 2000 年下降了 7.37 个百分点,比 1991 年下降了 26.45 个百分点(参见表 1—7)。由此可见,外商在我国投资的区位选择出现了明显的"北上"趋势。

表1—7　沿海三大经济圈外商直接投资占全国的比重　　　单位:%

年度	环渤海地区	长江三角洲地区	珠江三角洲地区
1991	22.87	10.31	43.91
1992	18.45	19.75	32.28
1993	17.23	25.73	27.42
1994	20.64	22.18	28.25
1995	19.27	25.10	27.35
1996	21.01	25.73	28.03
1997	21.35	24.07	25.25
1998	21.41	24.48	25.47
1999	19.55	24.48	28.12
2000	20.32	26.64	26.83
2001	21.96	27.78	24.70
2002	23.32	33.42	21.60
2003	25.56	39.69	14.78
2004	35.09	41.75	16.51
2005	37.92	38.33	17.07
2006	38.40	40.11	17.36

资料来源:经各年《中国统计年鉴》整理,2004、2005、2006年数据根据统计公报整理。

注:环渤海地区包括:北京、天津、河北、辽宁、山东;长江三角洲地区包括:上海、江苏、浙江;珠江三角洲地区包括:广东。

第三,从省级层面看,各地区外商直接投资水平差异明显。从吸引外资的绝对数额来看,2006年江苏省全年引进外商直接投资174.31亿美元,位于全国第一,是同期全国吸引外资最少的甘肃省的601倍,是中部地区吸引外资最多的江西省的6.24倍。从吸引外资的相对规模来看,2006年,FDI/GDP的全国平均水平为2.63%,在31个省、市、自治区中超过这一平均水平的有14个,其中天津、福建两地分别高达7.55%、7.52%。而另一方面,FDI/GDP比例低于1%的省份有6个,其中甘肃更是低至0.1%(参见表1—8)。从上述分析可以看出,我国各省、市、自治区之间吸引FDI区域差距明显。

表1—8 2006年各省、市、自治区外商直接投资规模

地区	FDI (亿美元)	GDP (亿元)	FDI/GDP (%)	地区	FDI (亿美元)	GDP (亿元)	FDI/GDP (%)
全国	694.68	210871.0	2.63	河南	18.45	12495.97	1.18
北京	45.52	7870.28	4.61	湖北	24.48	7581.32	2.57
天津	41.30	4359.15	7.55	湖南	25.93	7568.89	2.73
河北	20.14	11660.43	1.38	广东	145.10	26204.47	4.41
山西	4.71	4752.54	0.79	广西	4.47	4828.51	0.74
内蒙古	17.40	4791.48	2.89	海南	7.48	1052.85	5.66
辽宁	59.86	9251.15	5.16	重庆	6.96	3491.57	1.59
吉林	7.60	4275.12	1.42	四川	19.04	8637.81	1.76
黑龙江	17.08	6188.90	2.2	贵州	0.93	2282.00	0.32
上海	71.07	10366.37	5.47	云南	3.02	4006.72	0.60
江苏	174.31	21645.08	6.42	西藏	- - -	291.01	- - -
浙江	88.89	15742.51	4.50	陕西	9.25	4523.74	1.63
安徽	13.94	6148.73	1.80	甘肃	0.29	2276.70	0.10
福建	71.84	7614.55	7.52	青海	3.80	641.58	4.72
江西	28.06	4670.53	4.79	宁夏	0.37	710.76	0.42
山东	100.00	22077.36	3.61	新疆	1.03	3045.26	0.27

资料来源:由各省、市、自治区2007年统计公报整理。

三、外资的产业分布

纵观我国利用外商直接投资的数据可以发现,我国外商投资不但在空间布局上不平衡,在产业分布上也不均衡,主要表现在以下两个方面:

第一,FDI在三次产业之间分布不均衡。从产业结构看,外资在我国的产业投向重点在第二产业,第一、三产业比重较低。从表1—9可以看出,截至2006年外资在我国第二产业投资项目437453个,占第一、二、三产业总和的73.59%,合同外资金额为10093.73亿美元,占67.38%,而同期第一、三产业的比重分别仅为1.89%、30.72%。可见,外资在我国的产业投向明显失衡。然而,随着我国利用外资水平的提高,这一现象正在逐步改善。从2006年我国吸引外资的产业分布来看,第二产业的比重下降到了62.01%,而第三产业

的比重却提高到了35.70%,高出截至2006年第三产业吸引外资比重12个百分点。可见,虽然调整的整体幅度不大,但我国外资产业结构失衡现象已经开始引起重视。

表1—9 2006年及截至2006年我国吸引FDI产业分布 单位:亿美元

行业名称	2006年				截至2006年			
	项目数（个）	比重（%）	实际使用	比重（%）	项目数（个）	比重（%）	合同外资	比重（%）
总计	41485	100.00	694.68	100.00	594445	100.00	14979.29	100.00
第一产业	915	2.29	5.99	0.86	16472	2.77	283.43	1.89
第二产业	25725	62.01	425.07	61.19	437453	73.59	10093.73	67.38
第三产业	14809	35.70	263.62	37.95	140520	23.64	4602.13	30.72

资料来源:《中国商务年鉴》(2007)。

第二,FDI在行业间分布差异大。从行业结构看,制造业是外资投资的首选,我国的外资绝大部分都集中在了制造业,其次是房地产业。2006年,我国实际使用外商直接投资694.68亿美元,其中制造业就达400.77亿美元,占总额的57.69%,而文化、教育等服务行业比重则严重偏低,一般都在1%以下(参见表1—10)。外资集中于制造业的现象从我国改革开放以来就一直存在(参见表1—11),其也反映出我国的外资绝大部分都集中在劳动密集型产业,甚至是高污染、高耗能产业,而技术、知识密集型产业却严重不足,这种行业偏差使得我国引进外资的效率较为低下。

表1—10 2006年我国吸引FDI行业分布 单位:亿美元

	项目数(个)	比重(%)	实际使用	比重(%)
总计	41485	100.00	694.68	100.00
农、林、牧、渔业	951	2.29	5.99	0.86
采矿业	208	0.50	4.61	0.66
制造业	24790	59.76	400.77	57.69
电力、燃气及水的生产和供应业	375	0.90	12.81	1.84
建筑业	352	0.85	6.88	0.99
交通运输、仓储和邮政业	665	1.60	19.85	2.86
信息传输、计算机服务和软件业	1378	3.32	10.70	1.54

	项目数(个)	比重(%)	实际使用	比重(%)
批发和零售业	4664	11.24	17.89	2.58
住宿和餐饮业	1060	2.56	8.28	1.19
金融业	64	0.15	67.41	9.70
房地产业	2398	5.78	82.30	11..85
租赁和商务服务业	2885	6.95	42.23	6.08
科学研究、技术服务和地质勘察业	1035	2.49	5.04	0.73
水利、环境和公共设施管理业	132	0.32	1.95	0.28
居民服务和其他服务业	238	0.57	5.04	0.73
教育业	27	0.07	0.29	0.04
卫生、社会保障和社会福利业	20	0.05	0.15	0.02
文化、体育和娱乐业	241	0.58	2.41	0.35
公共管理和社会组织业	4	0.01	0.07	0.01

资料来源:《中国商务年鉴》(2007)。

表 1—11 截至 2006 年我国吸引 FDI 行业分布　　　单位:亿美元

	项目数(个)	比重(%)	实际使用	比重(%)
总计	594445	100.00	12856.73	100.00
农、林、牧、渔业	16472	2.77	283.43	1.89
采矿业	1263	0.21	57.91	0.39
制造业	423056	71.17	9563.79	63.85
电力、燃气及水的生产和供应业	1874	0.32	164.71	1.10
建筑业	11260	1.89	307.31	2.05
交通运输、仓储和邮政业	7272	1.22	365.84	2.44
信息传输、计算机服务和软件业	4493	0.76	95.83	0.64
批发和零售业	32531	5.47	422.11	2.82
住宿和餐饮业	3441	0.58	77.99	0.52
金融业	213	0.04	212.80	1.42
房地产业	47226	7.94	2432.54	16.24
租赁和商务服务业	23965	4.03	548.80	3.66
科学研究、技术服务和地质勘察业	6118	1.03	95.23	0.64
水利、环境和公共设施管理业	435	0.07	26.72	0.18

	项目数(个)	比重(%)	实际使用	比重(%)
居民服务和其他服务业	11149	1.88	204.25	1.36
教育业	1619	0.27	30.26	0.20
卫生、社会保障和社会福利业	1267	0.21	58.55	0.39
文化、体育和娱乐业	785	0.13	30.86	0.21
公共管理和社会组织业	6		0.35	

资料来源:《中国商务年鉴》(2007)。

四、外资的技术转移状况

我国引进外资的重要目的之一就是通过跨国技术转移,引进国外先进技术,缩短与发达国家的技术差距,提高自身的科技水平,促进生产力发展。然而,长久以来其效果并不明显,我国与发达国家依然存在很大的技术差距。2001 年,联合国开发计划署首次公布了世界主要国家技术成就指数(TAI)评价体系和资料。该指数由技术创新、新技术传播、传统技术传播、人类技能四方面构成,其作为衡量各国技术革命和创新能力的综合尺度,评价一个国家在创造技术和传播技术等方面的综合能力。参评的 72 个国家的技术成就平均指数为 0.374,而我国的技术成就指数为 0.299,排在第 45 位,处于中下水平,与芬兰、美国、英国、日本、加拿大等发达国家差距巨大(参见表 1—12)。这说明通过引进外资进行技术转移的作用没有发挥出来,这一方面是由于跨国公司对我国转移其母公司先进产品和技术的比例很低,另一方面是我国消化吸收国外先进技术的能力有限。但随着我国经济的持续稳定增长,我国市场在跨国公司全球战略中的地位不断增强,越来越多的跨国公司来华建立技术研发中心。如微软、IBM、摩托罗拉、西门子、北电网络、杜邦、通用电器、通用汽车、大众汽车、宝洁、本田、日立等,根据其全球经营战略在中国设立了研发中心。据商务部不完全统计,全国现有外商投资研发中心约 750 余家,从地域分布看,主要分布在上海、深圳、北京等外商投资集中的地方。跨国公司在华投资研发中心的发展,为外资在我国的技术转移、技术溢出提供了新契机。从表 1—13 可以看出,众多跨国公司研发中心与我国高校及科研机构有交流与合作,外商投资研发中心的技术溢出效应将逐步显现,同时将进一步提高我国的消化、吸收、创新能力。

表1—12　2001 年世界主要国家和地区技术成就指数前 20 位排名

排名	国家	技术成就指数	排名	国家	技术成就指数
1	芬兰	0.744	11	德国	0.583
2	美国	0.733	12	挪威	0.579
3	日本	0.703	13	爱尔兰	0.566
4	瑞典	0.698	14	比利时	0.553
5	韩国	0.666	15	新西兰	0.548
6	荷兰	0.630	16	奥地利	0.544
7	英国	0.606	17	法国	0.535
8	加拿大	0.589	18	以色列	0.514
9	澳大利亚	0.587	19	西班牙	0.481
10	新加坡	0.585	20	意大利	0.471
45	中国	0.299			

资料来源:中国金蓝盟管理网,www.jinlanmeng.cn。

表1—13　著名跨国公司在北京研发机构情况

序号	公司名称	国别	研究领域	研发机构名称	注册形式
1	IBM	美国	信息产业	IBM(中国)研究中心	非独立法人
2	SUN	美国	信息产业	SUN(中国)技术开发中心	非独立法人
3	诺基亚	丹麦	通讯	诺基亚研究中心	非独立法人
4	松下	日本	家电	松下(中国)有限公司研究开发部	非独立法人
5	微软	美国	信息产业软件	微软(中国)研究院、微软研究开发中心、微软技术开发中心	非独立法人
6	宝洁	美国	精细化工	北京宝洁技术有限公司	独立法人,有限责任公司
7	诺和诺得	丹麦	生物技术	诺和诺得生物研究中心	非独立法人
8	富士通	日本	信息产业	富士通研究开发中心有限公司	独立法人,有限责任公司
9	北方电讯	加拿大	通讯	北邮—北电研究开发中心	非独立法人属合作形式
10	朗讯	美国	通讯	朗讯科技有限公司、贝尔实验室	独立法人,有限责任公司

序号	公司名称	国别	研究领域	研发机构名称	注册形式
11	摩托罗拉	美国	通讯	摩托罗拉—计算所联合实验室	非独立法人，属合作形式
12	INTEL	美国	通讯电信	INTEL 中国研究中心	非独立法人
13	惠普	美国	信息产业	科惠研究中心	
14	通用	美国	汽车系统	德尔福—汽车系统研究所	非独立法人，属合作形式
15	SMC	日本	气动元件研究	SMC—清华大学气动技术中心	非独立法人，属合作形式

资料来源:中国外资网,www.chinafiw.com。

第二章　中国引进外资的经济增长效应

改革开放以来,中国经济持续快速增长,但东部与中西部地区存在明显差异,本章将对此进行分析,并主要考察以下两个方面的内容:(1)外商直接投资的地区分布不均是否是我国三大经济区域间经济发展差距拉大的主要原因。(2)以长沙为例,与国内资本相比较,考察外商直接投资对内陆城市经济增长的作用。

第一节　国内外研究状况

一、理论渊源

早期研究 FDI 对东道国经济作用机制的文献主要以发展经济学为理论基础,强调吸引外商直接投资对东道国资本的积累作用,如"双缺口模型"(Chenery,1966)[1]就是其中最具代表性的理论。该模型说明一国可以在不增加国内储蓄时借助于外资来增加投资,借以摆脱国内储蓄不足的困局,从而促进该国经济增长。而以索洛(1957)[2]为代表的新古典增长模型却认为,FDI 影响产出增长的程度是有限的,长期的增长只能是技术和知识提升的结果。虽然涉及技术进步在经济增长中的作用问题,但却把技术作为外生变量对待,使技术进步变得不可解释,这是新古典增长理论的局限性。而到 20 世纪 80 年代中期,以 Romer(1986)[3]和 Lucas(1988)[4]为代表开创了内生经济增长理论,该理论把技术进步纳入经济增长过程,使技术进步成为内生变量,得出了通过技术进步的变化(干中学,R&D,教育投资等)导致规模报酬递增,从而促进经济长期增长的结论,使经济增长理论打破了 20 世纪 60 年代以来的徘徊局面,为各国重视教育、重视人才、重视 R&D 提供了理论依据。Coe、Helpman(1995)[5]和 Keller(1996)[6]研究指出,一国技术变化往往不是来自本国研发,而是国外技术转移扩散的结果,其中 FDI 是国际技术扩散的重要渠道,FDI 不仅可以解决东道国的资本短缺问题,而且还能带来管理经验、国际分销渠道等。

二、FDI 与经济增长的实证研究

有关 FDI 与经济增长的实证研究主要有两种不同的结论。大部分学者认为,FDI 对东道国的经济增长起积极作用。Jansen(1995)[7]、Athukorala 和 Menon(1995)[8]、Arrken 和 Harrison(1999)[9]分别对泰国、马来西亚、委内瑞拉的实证研究均发现,外商直接投资对经济增长具有正的影响。Borensztein、Gregorio 和 Lee(1995)[10]使用 69 个发展中国家 1970～1989 年的数据检验 FDI 对发展中国家经济增长的影响,发现其对这些国家的经济增长做出了积极的贡献。而有些学者则认为,由于 FDI 的挤出效应或技术溢出受阻碍,FDI 不利于东道国的经济增长。Cornwall(1994)[11]对欧洲统一大市场的研究发现,FDI 对经济增长的作用被夸大了。Salz(1992)[12]论证发展中国家 FDI 与经济增长存在着负相关关系。

关于 FDI 与我国经济增长的问题也是这一领域研究的热点。这些研究大致分为两类。一类是从总量分析的角度研究 FDI 与经济增长的关系。Jordan、Tian 和 Sun(1999)[13],钟昌标(2000)[14],沈坤荣等(2001)[15],陈浪男(2002)[16]等都从总量分析的角度验证了利用外资促进我国经济增长的结论。而另一类研究则是考察 FDI 对经济增长的分类影响作用。江小涓(1999)[17]从资本形成质量的提高、技术进步、贸易结构的升级及国际竞争力的改善、人力资源的开发、产业结构优化升级五方面来论述利用外资与经济增长方式转变间的关系。王成歧等(2002)[18]则从经济技术水平、政策因素以及市场竞争状况考察了我国 FDI 与经济增长之间的相关关系。

三、FDI 对我国区域经济增长差异的影响研究

经济差距是近年来研究的热点问题,部分学者认为,FDI 是近年来造成我国区域经济增长不平衡和区域经济拉大的主要原因。蔡昉和都阳(2000)[19]、沈坤荣等(2002)[20]学者为代表,其研究主要从经济增长收敛角度分析,认为中国东部和中西部形成了"两俱乐部收敛"。造成三大经济区域间经济发展差距拉大的因素是多方面的,包括国家政策、发展基础、资源禀赋

等,其中 FDI 的地区分布不均是最重要的原因之一。郑月明等(2004)[21] 研究认为 FDI 没有均衡地进入我国三大经济区域,东部地区占绝对优势,区域分布差异悬殊,这种地理空间上的非均衡分布及其变动趋势对中国区域经济平衡发展和持续增长产生了深远的影响。魏后凯(2002)[22] 从资本形成角度分析,认为外商在华投资分布的不平衡性是导致区域经济二元结构差距的重要原因之一,东部发达地区与西部落后地区之间 GDP 增长率的差异,大约有90% 是由外商投资引起的。Sun(1998)[23] 也得出了类似的结论,他分析了 FDI 对中国区域经济增长的影响,认为 FDI 是导致改革开放以来东部与西部地区之间经济增长差异和收入不平等的最重要因素。武剑(2002)[24] 的研究结论则有所不同。他运用多维方差分析模型对中国地区之间的 GDP 差距、国内投资数量和质量差距、FDI 数量和质量差距进行分析发现,FDI 的区域分布不能有效地解释各地区经济的不平衡发展状况,而国内投资率在区域之间的差距才是造成区域经济差距长期存在的主要因素。本书将在前人研究基础上,利用最新的数据分析1986～2005 年我国外商直接投资对全国及三大经济区域经济发展的作用。由于外商直接投资在各区域的经济发展中所起的作用不同,一定程度上加剧了三大区域间不断扩大的经济差距。

有些学者还对 FDI 与我国特定地区经济增长关系进行了研究。李宁(2003)[25]、张立芳(2004)[26] 分别对上海、大连的研究表明,FDI 对当地经济增长的贡献十分突出。而王新燕等(2006)[27] 对云南的研究则发现,云南省 FDI 与经济增长之间尚不存在协整关系。这些各地区的研究无疑进一步表明 FDI 的区位分布不均衡是我国区域经济差异拉大的重要原因。对此,本项目将以长沙为研究对象,检验其 FDI 对经济增长的影响。

第二节　外商直接投资影响经济增长的机制分析

经济增长是经济学永恒的主题,历来是众多学派研究的重点。这些学派强调:发展中国家经济起飞必须有足够的储蓄和外汇(双缺口模型);技术进步的作用(新古典经济增长理论中的索洛模型);研发(R&D)、人力资本积累和外部性的作用(内生增长理论中的罗默—卢卡斯类型的模型)。在这些不同的经济增长理论框架内,FDI 促进经济增长的机制也有不同的解释。下面我们分别在这几个主要的增长理论框架内来阐述他们各自对 FDI 的经济增长机制的理解。

一、发展中国家引进外商直接投资的基本理论——"缺口理论"

早期研究 FDI 对东道国经济,尤其是发展中国家经济作用的传导机制主要以发展经济学为理论基础,强调吸引外商直接投资对东道国经济的资本积累作用。Rostow 首先提出发展中国家通过利用外资可以改善在经济"起飞"阶段所面临的资本短缺约束,但该理论并没有具体说明外资是如何解决资本短缺的。之后,钱纳里(Chenery,H)和斯特劳斯(Strout,A. N)在 1966 年提出了经济发展中利用外资的"两缺口"理论。该理论认为,国际投资之所以能快速增长并带动整个经济增长,是资本流动法则与一国资源存在缺口的状况相吻合的结果。该理论将影响经济发展的主要因素归结为储蓄、投资、进口、出口。根据凯恩斯宏观经济理论,要使四部门国民收入达到平衡,总需求必须等于总供给,亦即:

$$C + I + X = C + S + M \qquad (2.1)$$

式子的左端是总需求,右端是总供给。C、I 分别代表总消费和总投资,S 是总储蓄,X、M 分别是出口总值与进口总值。对式(2.1)加以整理得:

$$I - S = M - X \qquad (2.2)$$

即得到"投资 – 储蓄 = 进口 – 出口"的关系。等式的左边称为储蓄缺口,右边为外汇缺口。缺口值虽可正可负,但对发展中国家而言,其缺口一般多为正值。而缺口的大小也可以通过这一正值测得。

储蓄缺口应与外汇缺口相等。如果投资大于储蓄,则说明国内出现储蓄缺口,该缺口需要由外汇缺口来平衡。由于两缺口的相等是事后才得出的,而在事前,投资、储蓄、进口、出口都是独立变动的,储蓄缺口与外汇缺口一般不可能正好相等。基于此,加强政府宏观经济调控就是十分必要的了。如果国内储蓄缺口大于外汇缺口,政府就必须实施减少投资、增加储蓄的政策;如果外汇缺口大于储蓄缺口,政府就必须实施减少进口、扩大出口的政策。

钱纳里等人认为,成功地引进外资具有双重效应,能同时平衡两个缺口。若一笔外资以直接投资的形式流入,从供给方面分析,相当于国外进口。而且这笔进口不需要用增加出口来弥补,这样就缓解了外汇压力;另一方面,从需求方面分析,这笔投资不需要用国内储蓄来提供,减轻了对国内储蓄需求的压力。这样既能缓解国内储蓄不足的问题促进经济迅速增长,又能减轻因超额使用国内资源来满足投资需求及抵消外贸逆差所造成的压力,增强经济发展的后劲。这为发展中国家利用外资提供了一个较为合理的经济动因。

"两缺口"理论充分强调了利用外资对发展中国家经济发展和经济结构改造的重要意义。但它的提出是以许多假定条件为前提的,比如,它假定决定储蓄缺口的各个变量相互独立的运动,各变量之间不仅数量不同,而且不存在任何替代关系,而在现实中,变量之间往往相互影响。另外,此理论只强调了利用国外资源及资本对经济发展的作用,却忽视了挖掘国内资源来填补两缺口的潜在力量,也忽视了引进外资对经济发展的不利影响。

"两缺口"理论提出后,西方学者索罗(R. M. S)、托达罗(M. P. T)等人在"双缺口"的基础上提出"三缺口"理论。他们认为,资本短缺固然影响发展中国家的经济发展,但更关键的因素是发展中国家缺乏必要的技术知识、科学管理和企业家才能,即存在着第三个缺口——技术、管理和企业家才能。在此基础上,赫尔希曼(Hirschman)和托达罗(Todaro)等人将"三缺口"理论进一步发展演化,增加了"税收缺口",形成"四缺口模型"理论,即发展中国家政府税收的计划目标与实际税收之间的缺口,认为政府应重视并采取措施及时弥补此缺口。

二、经济增长理论

1. 哈罗德—多马经济增长模型

在研究 FDI 对经济增长作用传导机制时,要涉及经济增长理论。现代经济增长理论是以经济学家运用几个总合变量构建经济增长模型开始的。哈罗德的著作(1939、1948)和多马的著作(1946、1947)是现代经济增长理论的发端。两位经济学家的著作旨在把凯恩斯的短期分析扩展为"长期"的分析。他们通过考虑在给定哪些假设条件下,一个经济在持续的充分就业下能够实现经济增长。哈罗德和多马都是运用资本增长和产出增长的关系来构建他们的增长模型。他们假定储蓄 S 占国民收入 Y 的一定比例:$S = sY$(s 为国民收入中储蓄的比例),储蓄等于投资 I,即 $S = I$。但对在一定的投资下,两人使用的变量则不相同。哈罗德使用的变量是资本—产出比 $K/Y = v$(生产一个单位国民收入需要几个单位投资),而多马使用的变量则为资本生产率 σ(一个单位投资可以生产几个单位国民收入)。这样,哈罗德的增长模式为:

$$G_t = s/v \tag{2.3}$$

一国的经济增长率等于该经济的储蓄率除以资本—产出比。而多马的增长模型为：

$$G_t = \sigma s \qquad (2.4)$$

就是说,一国经济增长率等于该经济的储蓄率乘以资本生产率。

由于资本—产出比 v 与资本生产率 σ 是互为倒数的,σ = 1/v,所以哈罗德和多马两人的增长模式实质上是一样的。因此,人们就将他们称为哈罗德—多马增长模式。

哈罗德—多马经济增长模型假定劳动和资本这两种基本生产要素具有固定不变的比例关系,使用资本—产出比来研究一定投资增长下经济的可能增长。从主要的特征看,他们的经济增长模型实际上是描述了单一的生产要素(资本)与单一的产出之间的动态关系,该模型的主要贡献在于认识到一个时期的资本形成是这一时期产出的源泉。由此可以推论,它在处理投资、储蓄率和增长率之间的关系上,提供了一个虽然粗糙却很有用的解释。但哈罗德—多马经济增长模型假定资本—产出比是固定不变的,这一假设对于研究长期增长问题显然不合适,因为从长期看,生产技术的变化会对资本—产出比产生影响。

2. 新古典增长理论——索洛模型

索洛模型是罗伯特·索洛(R. M. Solow,1956)在一篇题为《对经济增长理论的一个贡献》的论文中提出的,其后又由米德、萨缪尔逊和托宾等经济学家对其补充和发展,形成了一般人所称的新古典经济增长模型。新古典经济增长模型是以柯布-道格拉斯生产函数为基础建立起来的。

索洛模型为我们提供了资本积累促进经济增长的机制分析,从投资增长促进资本存量增长,再通过生产函数促进经济增长。它还在增长因素分析中,对生产要素投入的贡献做出了合理的解释,得出一个重要的结论,即经济增长的主要动力来自于技术进步。但它对于外商直接投资与经济增长的关系只有十分有限的描述。认为在资本收益率递减的假设前提下,长期经济增长只源于技术进步与劳动力自然增长等外生因素,而外国直接投资只是增加了资本积累,因而只能对短期经济增长产生影响。政策性变量对经济增长也只产生短期作用,因此任何鼓励外国直接投资的政策都是短效的。

因此,以索洛为代表的新古典增长模型,虽然涉及技术进步在经济增长中的作用问题,但一直把技术作为外生变量对待,使技术进步变得不可解释。这正是新古典增长理论的局限性。

3. 内生(新)增长理论

内生经济增长理论又称新经济增长理论,产生于20世纪80年代中期,以P.罗默(Paul M. Romer)、R.卢卡斯(Robert E. Lucas)等为代表。该理论虽然被称为一个理论,但不像新古典增长理论那样有一个大家共同接受的基本理论模型。构成内生经济增长理论的各种模型之间既存在一些明显的差别,同时又包含一些有别于其他增长理论的共同要素。这些要素构成了内生经济增长理论的主要观点和分析方法:

(1)经济增长是经济系统内生因素作用的结果,而不是由外部力量推动的。

(2)内生的技术进步是经济增长的决定因素。

(3)技术、知识和人力资本具有溢出效应,这种溢出效应的存在是经济实现持续增长的条件。

(4)国际间贸易、技术、资本、知识和人员流动对一国经济增长存在着重要影响。

内生经济增长理论把技术进步纳入经济增长过程,使技术进步成为内生变量。得出了通过技术进步的变化(干中学,R&D,教育投资等)导致规模报酬递增,从而促进经济的长期增长的结论。使经济增长理论打破了20世纪60年代以来的徘徊局面,为各国重视教育、重视人才、重视R&D提供了理论依据,也为我们研究外资如何影响东道国经济增长提供了有益的启示。内生经济增长理论的出现,也使外商直接投资的作用得到了全新的评价,特别是对于发展中国家来说,FDI的流入对其经济增长的影响已不仅仅局限于资本积累,它可以通过技术外溢效应使该国的技术水平、组织效率不断提高,从而提高国民经济的综合要素生产率,形成赶超效应的可能,使该国的国民经济走上内生化增长的道路。

三、FDI影响地区经济增长的机制分析

经济增长是受到众多变量因素综合影响的结果。就业人数的增多,资本存量的增加和广义技术进步是经济增长的三个源泉,FDI就是通过影响这些变量而直接或间接作用于经济增长。从FDI的角度来说,新古典经济增长模型的基本缺陷是长期的经济增长只能通过被认为是外生变量的技术进步和劳动力的增长产生,FDI只能在短期内影响增长,因此推进FDI的政策效应被认为是短暂的。而在长期内,在传统资本要素递减报酬的假设下,引资国的经济

将收敛于稳定状态,就好像 FDI 从来没有发生过,对产出没有持续的影响,如果要 FDI 促进长期增长,必须通过持久的外部技术冲击。而内生增长理论认为增长的决定因素被认为是内生的,FDI 被看做是资本存量、技术诀窍和相关技术的组合。因此,在理论上讲 FDI 可以通过不同的渠道直接或间接影响经济增长。

新古典增长模型不能解释决定长期增长的技术进步是如何产生的,也就不能真正解决一国长期经济增长的问题。20 世纪 80 年代内生经济增长理论将外部性纳入到经济增长过程之中,不同类型外部性的存在阻止了资本边际生产率的持续的下降。换句话说,外部性解决了促进长期增长所需要的非递减报酬率问题。随之有关 FDI 通过其外溢效应对东道国经济增长做出贡献的实证研究也蓬勃发展起来。在此意义上,资本将突破新古典理论边际收益递减的经典假设,产生不变甚至递增的收益,从而影响长期增长。外商直接投资的外溢效应可以提高东道国的生产率并且认为是东道国技术进步的催化剂。由于 FDI 潜在外部性效应大于 FDI 作为一种新的要素投入,因此,外溢效应被认为是 FDI 促进东道国经济增长最重要的机制。

根据现有研究,技术外溢通常可以通过以下途径来实现:

(1)示范—模仿效应(Demonstration-Imitation)。当地企业在地理上接近外商投资企业时这种效应可能会发生。当外商投资企业引入新产品、新工艺或新的组织管理方式时,其他当地企业就会模仿其某些做法以改善其效率。值得一提的是某些相关产业的外商投资企业和当地企业的聚积效应尤其能促进 FDI 对当地企业的外溢。例如,Edmund[28]通过对香港在中国大陆投资的服装企业的分析,证实在地理位置上聚积的 FDI 比分散的 FDI 能够显著增加对东道国的转移技术,这表明要同时考虑 FDI 与产业聚积政策以求最大发展效果。

(2)联系效应。Markusen 和 Vanables(1998)指出具有技术优势的外资企业与东道国国内部门的链接效应(linkage effect)能给国内企业带来规模经济、互补性技术。Goldsmith 和 Sporleder(1999)则在 Markusen 等的研究基础上进一步从"前向链接(forward Linkages)"和"后向链接(backward Linkages)"来考察 FDI 对国内经济部门要素生产率的影响。国内中间产品供应商为满足跨国公司中间产品质量和标准要求主动学习带来的效率提高,或者跨国公司直接向本国供应商提供技术和生产方面的培训使本国供应商的生产效率得到提高,这都称为前向链接。而下游产业利用由外商直接投资企业制造的质量更好的或成本更低的产品,进行进一步加工和制造,从中获得的效率提高称为后向链接。

(3)竞争效应。跨国公司子公司的进入和存在,在东道国市场引进竞争,迫使国内同类企业采用更有效率的生产和管理手段,加紧采用新产品和新技术。对于那些实际或潜在竞争程度低的产业以及进入壁垒较高的产业,FDI的竞争效应对提升国内企业效率显得尤为必要。

(4)人力资本培训和流动效应。由于具有竞争优势国外资本无法脱离其人力资本而完全物化在设备和技术上,因此跨国公司在进行海外投资时,为使项目有效运转,不得不开发当地人力资源。开发当地人力资源可以采取多种形式,如和跨国公司的专家一起工作、专门对当地人员进行培训、干中学、信息共享等。外资企业开发培训人力资本的方法还可能会被国内企业模仿,甚至跨国外资企业还能直接帮助当地企业进行培训。另外,外资企业具有较高素质的人员还可能向国内企业流动。

当然,FDI也可能产生负的溢出效应,表现为:(1)挤垮竞争对手。在面临竞争实力更强的外商竞争时,如果国内企业不能获得技术更新升级所必需的资金支持,国内企业就不得不关门倒闭。(2)市场控制。由于外商投资企业拥有较为先进的技术和经营管理水平,它们的进入和存在具有控制东道国市场的倾向和意图。(3)抢走人才。外商投资企业由于效率较高,支付给员工的工资较高,吸引了大批优秀的本地人才,造成本国企业人力资本的流失,从而不利于本国企业的长远发展。(4)排挤国内供应商。由于跨国企业要求的产品质量和标准较高,大量本地企业被排挤出中间产品供应商的行列,造成本地下游生产企业的萎缩。(5)利润汇出。如果外商投资企业将在中国赚取的利润从中国市场上抽走,那么就不能持续地为GDP的增长作贡献。

上面分析表明,早期关于FDI对经济增长作用机制的研究,尤其是有关流向发展中国家的FDI的研究主要是基于钱纳里的"双缺口模型",验证FDI的流入是否能够通过资本积累效应来弥补东道国的"资本缺口",这是FDI从"量"上来直接推动经济增长。随着经济增长理论的不断发展,内生增长理论已经成为研究FDI对东道国经济增长影响作用的主要理论。FDI可以从"质"上来影响东道国企业的技术水平、人力资本水平、管理效率及产业结构等,从而提高生产率即广义的技术进步而间接推动东道国经济的长期增长。对于FDI如何影响东道国的技术进步,将在下一章详细阐述。

第三节　外商直接投资与经济增长：地区面板数据

改革开放以来，中国经济高速发展，以至于一些经济学者将这一现象称为"中国的奇迹"（林毅夫、蔡昉、李周，2003）[29]，然而"奇迹"的背后是地区增长的不均衡和地区经济差距的存在，这成为中国经济发展中存在的一个问题。

如图2—1中国1986～2005年各地区人均GDP差异，显示了省际差异、东部地区、中部地区和西部地区内部和三大区域间的经济差距变动趋势①。省际差异表现出明显"V"型前降后升的变动趋势，并在1991年达到最小值。总体上看，1986～2005年东部、中部地区内部差异在缩小；2003～2005年西部地区内部差异有轻度上扬趋势。1986～2005年区域间差异呈波动式上升，特别是进入20世纪90年代，三大地区间的差距迅速扩大。这种东、中、西三大区域内部收敛（西部地区的内部收敛趋势较弱），三大区域间的差距拉大的趋势，被一些学者称为"俱乐部收敛"（蔡昉和都阳，2000[30]；沈坤荣和马俊，2002[31]）。再从三大经济区域的增长率来看，1986～2005年东部GDP增长率为12.22%，中部为10.03%，西部为9.77%，在这种增长格局的支配下，中国的地区差距主要表现为三大区域的差距。另一方面，外商直接投资自进入中国就呈现出三大区域的分布不均，这种区位分布不均不仅体现在总量上，而且体现在人均量上②。东部地区由于独特的地理优势和优惠政策的影响，吸引了大量的外商直接投资，其占全国FDI比重持续处于高位，1986～2005年平均比重为87.48%。中部地区占全国FDI比重呈现小幅上升趋势，1986～2005年平均比重为7.78%；西部占全国FDI比重有下降趋势，1986～2005年平均比重为4.74%。图2—2显示了1986～2005年中国人均FDI分布差异。从20世纪90年代开始，中部地区人均FDI超过西部地区，东部地区人均GDP

---

① 由于变异系数（coefficient of variation）计算方法简单明了，同时具备不均等性测度指标必须满足的一些基本要求，适合对我国目前的区域差异进行整体度量，所以这里选用变异系数来衡量地区间经济差异变动趋势。将人均GDP调整为1990年的不变价格，并采用三大地域划分方法来分析中国经济差距趋势。其中，东部地区包括北京、天津、河北、辽宁、上海、江苏、浙江、福建、山东和广东，中部地区包括：山西、吉林、黑龙江、安徽、江西、河南、湖北及湖南，西部地区包括：内蒙古、广西、四川、贵州、陕西、甘肃、宁夏、新疆和云南。

② 关于外商直接投资的分析，采用CPI指数将FDI调整为1990年的不变价，以剔除物价因素。

开始大幅上升,FDI 的三大地区间差距迅速拉大。总体上看,中国的 FDI 分布主要表现三大区域的差异。

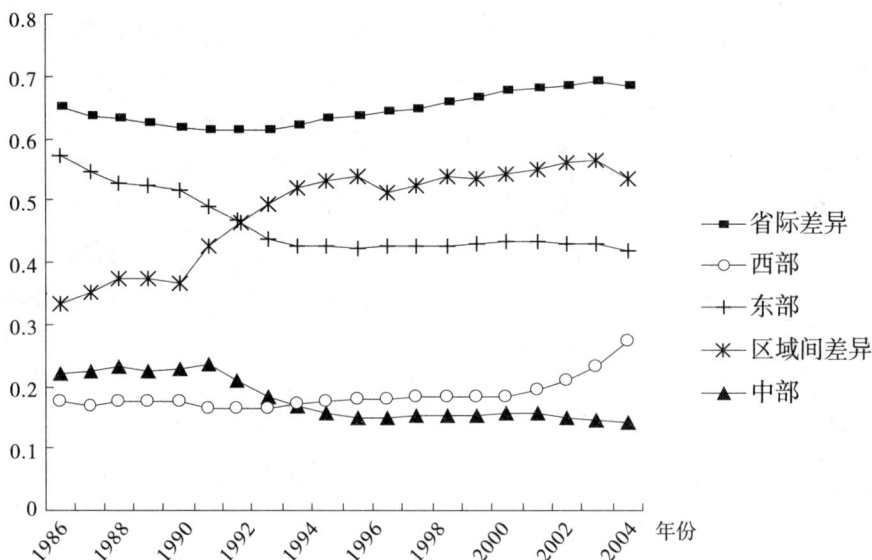

图 2—1　各地区人均 GDP 差异

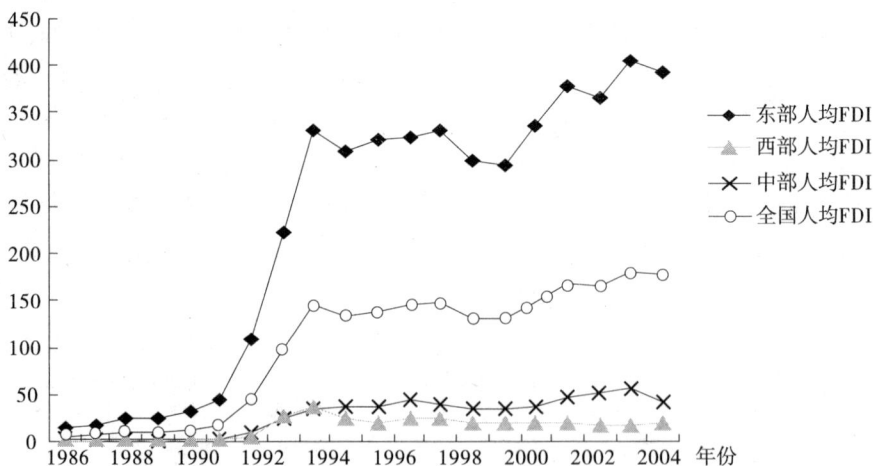

图 2—2　人均 FDI 差异

从以上的分析可以看到,中国外商直接投资区域分布差异与三大区域间经济增长差异具有如此相同的趋势,那么外商直接投资区位分布差异对各地区经济发展存在怎样不同的作用？以下利用分析 1986～2005 年我国外商直接投资对全国及三大经济区域经济发展的作用。由于外商直接投资地区分布不平衡，这在一定程度上加剧了三大区域间不断扩大的经济差距。

一、模型设定

考虑柯布-道格拉斯生产函数，K（资本）包括 K_D（本国资本）和 K_F（外商直接投资），国内投资采用全社会固定资产投资总额减实际利用外商投资，实际利用外商投资则采用各年度人民币对美元年平均汇价（中间价）进行折算，那么相应的生产函数可以写成：

$$Y = Af(K_D, FDI, L)① \tag{2.5}$$

对（2.5）式求全微分，

$$dY = \frac{\partial Y}{\partial K_D} \cdot dK_D + \frac{\partial Y}{\partial FDI} \cdot dFDI + \frac{\partial Y}{\partial L} \cdot dL + \frac{\partial Y}{\partial A} \cdot dA \tag{2.6}$$

两边同除以 $Y = Af(K_D, FDI, L)$，简化后得到：

$$\frac{\Delta Y}{Y} = \frac{\Delta A}{A} + \frac{\partial Y}{\partial K_D} \cdot \frac{K_D}{Y} \cdot \frac{\Delta K_D}{K_D} + \frac{\partial Y}{\partial FDI} \cdot \frac{FDI}{Y} \cdot \frac{\Delta FDI}{FDI} + \frac{\partial Y}{\partial L} \cdot \frac{L}{Y} \cdot \frac{\triangle L}{L}$$

$$\tag{2.7}$$

以相应的小写字母表示增长率；φ 表示弹性；这里假设技术不发生变化，由于将运用面板数据分析方法，所以相应的计量模型设计如下：

$$y_{it} = c + \phi_{KD} \cdot kd_{it} + \phi_{FDI} \cdot fdi_{it} + \phi_L \cdot l_{it} + \mu_{it} \tag{2.8}$$

i 为截面个数；t 为时期个数，μ 为随机误差项。

二、数据说明及变量说明

因为从 1986 年开始可以收集到比较全面的 FDI 数据，所以将研究的时间范围限定为 1986～2005 年。考虑到由于制度的不同将带来研究结果的差异，所以没有考虑香港、澳门经济特区和台湾省；另外，外商直接投资的大部分统计数据缺乏数据时间范围的限制，研究中去除了西藏自治区、海南省、青海省和新设立不久的重庆市，研究 27 个省、自治区和直辖市。相应的数据来源，全

---

① 魏后凯（2002）利用该模型分析过外商直接投资对中国区域经济增长的影响。

国各省、市、自治区的外商直接投资,1986～1996 年数据来源于中经网数据中心,1997～2003 年数据来自中国统计年鉴各期,2004～2005 年数据来源于商务部网站。各省年底总人口,1986～2003 年数据来自中经网数据中心,2004～2005 年数据来自《中国统计年鉴》(2005～2006)。国内生产总值、人均国内生产总值、国内生产总值指数、居民消费价格指数、年底从业人员、人民币对美元中间汇率如无特殊说明,1986 年至 1998 年数据均取自《新中国五十年统计资料汇编》,1998 年至 2005 年数据则取自《中国统计年鉴》各期。

Y 是国内生产总值,用各省(区)市样本期国内生产总值指数平减,得到 1990 年不变价 GDP,以消除物价因素影响。

FDI 外商直接投资和 K_D 国内投资,由于各地区固定资产投资价格指数从 1991 年开始公布,所以 K_D 和 FDI 统一采用居民价格消费指数(CPI)调整为 1990 年不变价,以消除物价因素的影响。

劳动:劳动力投入用各省(区)市年底从业人员总数代表。

相应变量的增长率在 EVIEWS5.0 中取差分即可得到。

三、回归结果及主要结论

首先利用全国 27 个省(区)市数据对(4)式进行回归,其次将全国分为东部、中部、西部三大区域,并利用以上数据进行回归。回归结果如下:

表 2—1　1986～2005 年 pool 回归结果

	全国	东部	中部	西部
常数	0.0869 (47.80*)	0.0930 (30.70*)	0.0800 (23.89*)	0.0831 (28.90*)
fdi	0.0075 (4.08*)	0.0230 (4.58*)	0.0058 (1.78***)	0.0038 (1.85**)
kd	0.1044 (10.94*)	0.1223 (8.01*)	0.1114 (6.45*)	0.0781 (5.25*)
l	0.0516 (1.17)	0.0146 (0.23)	0.1558 (1.49)	0.0254 (0.37)
样本数	502	189	152	161
调整后的 R^2	0.2230	0.3148	0.2350	0.1598
F 值	48.93*	29.79*	16.46*	11.14*

注:小括号中数值是单个解释变量的 t 统计量:*、* *、* * *分别代表 1%、5%、10%的显著水平,由软件 Eviews5.0 给出。

表 2—2 1986～2005 年固定效应回归结果

	全国	东部	中部	西部
常数	0.0875 (50.37*)	0.0938 (32.10*)	0.0805 (23.47*)	0.0832 (29.06*)
fdi	0.0074 (4.17*)	0.0237 (4.88*)	0.0059 (1.78**)	0.0040 (1.91**)
kd	0.1003 (10.96*)	0.1195 (8.12*)	0.1081 (6.12*)	0.0712 (4.75*)
l	0.0436 (1.01)	−0.0318 (−0.52)	0.1409 (1.29)	0.0659 (0.93)
样本数	502	189	152	161
调整后的 R^2	0.3016	0.3696	0.2139	0.1758
F 值	8.46*	10.18*	5.11*	4.10*

注:小括号中数值是单个解释变量的 t 统计量:*、**、***分别代表1%、5%、10%的显著水平,由软件 Eviews5.0 给出。

表 2—3 1986～2005 年随机效应回归结果

	全国	东部	中部	西部
常数	0.0873 (34.19*)	0.0934 (24.59*)	0.0800 (23.57*)	0.0830 (29.18*)
fdi	0.0075 (4.22*)	0.0234 (4.83*)	0.0058 (1.76**)	0.0038 (1.88**)
kd	0.1016 (11.15*)	0.1208 (8.23*)	0.1115 (6.37*)	0.0781 (5.31*)
l	0.0462 (1.08)	−0.0104 (−0.17)	0.1558 (1.46)	0.0254 (0.37)
样本数	502	189	152	161
调整后的 R^2	0.2311	0.3207	0.2350	0.1598
F 值	51.21*	30.58*	16.50*	11.14*

注:小括号中数值是单个解释变量的 t 统计量:*、**、***分别代表1%、5%、10%的显著水平,由软件 Eviews5.0 给出。

从表 2—1、表 2—2、表 2—3 全国数据回归结果来看,对 GDP 增长率影响最大的是国内资本 kd 增长率,其次是劳动投入的增长率,最后是外商直接投资的增长率,这个结果与魏后凯(2002)一致。从三大经济区域的回归结果来看,以上的分析结果在中西部地区完全适合,只是在固定效应模型和随机效应模型中,东部地区内部劳动投入增长率的系数为负,这正符合东部经济发展的现状。由于东部地区经济发展水平高于中西部,面临产业结构升级,技术、资本对经济增长的作用强劲,一般低技术含量的普通劳动对产出贡献降低。加上,在一定时期内资本对劳动的替代作用会使劳动力增长率对经济增长的作用为负。

从 pool 回归结果来比较全国以及东部、中部、西部外商直接投资的增长率与 GDP 增长率的关系。全国外商直接投资每增长一个百分点,国内生产总值增长 0.007 个百分点;东部外商直接投资每增长一个百分点,东部生产总值增长 0.02 个百分点;中部外商直接投资每增长一个百分点,中部生产总值增长 0.005 个百分点;西部外商直接投资每增长一个百分点,西部生产总值增长 0.003 个百分点,而且这四个系数全部通过显著性检验。固定效应模型和随机效应模型也反映了相同的趋势:外商直接投资对经济增长的影响基本上呈现由东向西的梯度缩小。

由上述回归结果可以看到不同地区外商直接投资对其地区生产总值的影响不同,这可能是由于 FDI 的投资效率、产业选择、导向结构等共同作用的结果。武剑(2002)[32]认为外资投资于东部比投资于西部能产生更高的经济效率。胡宜朝、雷明(2006)[33]运用非参数 DEA 方法分析中国各省区 1998～2000 年和 2001～2003 年各时期 FDI 的引进效率,研究发现优势充分发挥的多为东部省份,优势发挥不足的多为西部省份。蒋蕊萍(2000)[34]认为外资投资于东部的资本与技术密集型行业,以旅游、商贸、金融为代表的服务业部门,相比而言,中西部外商投资产业结构单一,技术层次较低,中小型劳动密集型工业占绝对优势,资本技术密集型项目和高新技术项目较少。而且与中西部相比,东部 FDI 产业结构与本地产业关联度较高,进而形成具有国际竞争力的产业集群。同时东部外资企业多为出口导向型,而中西部主要为市场导向型。

以上分析可以得到,FDI 在不同的地区对经济的增长具有不同的作用,而这种作用不断的累积循环,将在一定程度上加剧地区间的整体经济差距。下一节将以地处内陆、引资相对落后的长沙为例,分析利用外资对其经济增长的贡献。

第四节　外商直接投资与经济增长:基于
长沙数据的格兰杰因果分析

基于长沙的相关数据实证检验 FDI 与长沙经济增长,这里考虑 FDI 作为一种资本或投资形式,从投入产出的角度研究其对经济增长的影响,这是 FDI 对经济增长的直接或宏观作用。

一、模型的建立

在研究投入要素与经济增长之间的关系时,最常使用的方法就是新古典主义的增长模型——索洛模型。本项目将 FDI 作为独立的投入要素引入到扩展的增长方程当中,然后通过估计来检验 FDI 与经济增长的关系。

索洛模型的基本生产函数是一个以资本存量、劳动力投入以及技术进步作为自变量的函数,其形式为:

$$Y = BF(K,L) \tag{2.9}$$

其中 Y 为总产出,用 GDP 表示,K 为资本存量,L 为劳动力投入量,B 为技术因子。由于要研究的是 FDI 对经济增长的影响,因此将外商直接投资 F 作为另一个因变量带入函数中,重新定义 K 为国内资本存量。上面的函数形式变为:

$$GDP = BF(K,L,F) \tag{2.10}$$

对时间序列数据取对数之后不会改变其时序性质,且对数化后的数据容易得到平稳序列,因此对方程两边取对数,得出基本的扩展方程如下:

$$\ln GDP = \ln B_0 + B_1 \ln F + B_2 \ln K + B_3 \ln L + \mu \tag{2.11}$$

各变量的含义如下:

GDP:总产出,以长沙国内生产总值(GDP,万元)衡量,为了剔除物价的影响,各年的 GDP 都要除以居民消费价格指数,该指数以 1978 年为基期。

B_0 为综合技术进步因子,为了简便起见,假设其为一常量。B_1、B_2、B_3 分别是相应变量的弹性系数,μ 是随机扰动项。

F 是外商直接投资存量(万元),外商直接投资存量通过各年的平均汇价将其换算成以人民币计价,然后再通过价格指数将其换算成可比价格(以 1978 年为基期),并按照国家对国有企业的最低折旧率要求 7% 计提折旧后计算累计数。计算方法为:$F_t = (1 - 7\%)F_{t-1} + I_t$。$I_t$ 为第 T 年的外商直接投资流量。1984 年到 1989 年的外商直接投资额小,在统计年鉴上只有利用外资的指标,而利用外资包括:外商直接投资、对外借款、补偿贸易和租赁贸易等。因此,将 1984～1989 年的利用外资之和作为 F_1,估算为 2344 万元。

K 是国内资本存量(万元),为各年新增固定资产投资(换算成可比价格)与外商直接投资流量(换算成可比价格)之差的累计数,同样应计提折旧。计算方法为:$K_t = (1-7\%)K_{t-1} + I_t$,这里的 I_t 为 T 年新增固定资产投资与外商直接投资流量之差。

L 是劳动力投入量,用长沙从业人员(万人)和教育水平衡量,当然劳动投入还受到劳动者生理、心理健康水平的影响,但教育水平应该是最重要的因素。教育水平用长沙高校在校人数占长沙总人口的比率表示。

从业人员数据来自《中国城市统计年鉴》,其余基本数据均来自各年的《长沙统计年鉴》和《湖南统计年鉴》,时间区间为 1990～2005 年。整理后的数据见表 2—4。

表 2—4　主要变量

年度	GDP	F	K	L
1990	453568. 6187	1476	43664. 6334	2. 6406
1991	491144. 0164	3288. 3904	75651. 3045	2. 6517
1992	541283. 1144	15529. 0504	105654. 7501	2. 7930
1993	579026. 4537	46922. 3133	124725. 9005	3. 2919
1994	626582. 0685	68028. 5168	167212. 6310	3. 6613
1995	677493. 9209	83822. 0321	204248. 7592	4. 0120
1996	786387. 7049	108276. 7935	267381. 9406	3. 9896
1997	909431. 449	141891. 0564	330480. 5529	4. 7764
1998	1009549. 609	172186. 1810	391463. 4063	4. 7611
1999	1093169. 996	190557. 4282	469622. 4092	5. 7164
2000	1216542. 432	212007. 8252	557533. 2850	7. 3391
2001	1371298. 829	247001. 4118	640871. 3916	8. 8309
2002	1543311. 815	291097. 2300	753175. 5699	11. 5845
2003	1749027. 718	360550. 8391	947005. 4049	15. 9067
2004	2067469. 185	425280. 7729	1259036. 4711	19. 2284
2005	2719643. 56	544386. 1439	1714858. 4072	22. 1359

二、平稳性检验和模型的回归分析

由表2—4可作出序列lnGDP、lnF、lnK和lnL的散点图,看出它们在样本期间都呈上升趋势。这表明这些时间序列可能是不平稳的,而非平稳的时间序列会产生伪回归现象。也就是回归的结果从表面上看很好,实际上并不存在任何有意义的关系。因此,涉及对时间序列回归时,必须对之进行平稳性检验。平稳性检验的方法很多,在此采用单位根检验(Unit Root Test)中的ADF检验,实证结果均由Eviews5.0给出。

表2—5　ADF单位根检验结果

序列	趋势类型(C　T)	ADF Test Statistic	参考临界值	
lnGDP(2)	0　0	−1.5675	10% Critical Value	−1.6037
lnF(0)	C　T	−3.4108	10% Critical Value	−3.3250
lnK(1)	0　0	−3.5284	10% Critical Value	−3.3423
lnL(2)	0　0	−5.7086	1% Critical Value	−2.7550

表2—5所示结果表明:lnF的原序列的ADF检验在10%的水平上显著,说明是平稳的。lnK的一阶差分序列的ADF检验在10%的水平上显著,说明lnK为一阶单整序列,记作I(1)。lnL的二阶差分序列的ADF统计量在1%的水平上显著,lnL为二阶单整序列,记作I(2)。lnGDP的二阶差分序列的ADF统计量接近10%显著水平上的临界值,引入模型较为勉强,但是由于该变量在方程中的意义显著,所以不宜舍弃。

只有与因变量呈高度相关的自变量才适合引入模型,因此,为了保证线性模型的合理性,需要分析因变量与自变量的相关性。可以通过计算简单相关系数来分析。GDP、F、K、L相关系数结果如表2—6:

表2—6　变量间的相关系数矩阵图

	GDP	F	K	L
GDP	1.000000	0.994684	0.997399	0.976746
F	0.994684	1.000000	0.988519	0.969249
K	0.997399	0.988519	1.000000	0.983101
L	0.976746	0.969249	0.983101	1.000000

从表 2—6 可以看出,GDP 和 F、K、L 都呈高度正相关,这表明线性模型在解释它们的关系时是比较合适的。对方程(1)进行最小二乘法(OLS)回归得到回归方程为:

$$lnGDP = 7.9676 - 0.0911lnF + 0.5104lnK + 0.2127lnL$$

$$se = (0.6341) \qquad (0.0278) \qquad (0.0814) \qquad (0.0693)$$

$$t = (12.5653) \qquad (-3.2740) \qquad (6.2732) \qquad (3.0697)$$

$$p = (0.0000) \qquad (0.0067) \qquad (0.0000) \qquad (0.0097)$$

$$R^2 = 0.9947 \qquad\qquad Adjusted\ R^2 = 0.9933$$

回归结果表明:R^2 和调整后的 R^2 接近于 1,表明约有 99% 的 lnGDP 的变化可由 lnF、lnK、lnL 这三个解释变量来解释,模型的拟合效果好。F 检验的相伴概率为 0.000000,反映变量间呈高度线性,回归方程高度显著。查表可知: a = 0.05,自由度为 15(n-1) 的双边检验的 t 分布的临界值为 2.131,上述各变量都超过了临界值,拒绝原假设,认为国内资本存量和劳动力投入量对长沙国内生产总值有正向冲击。lnL 的偏回归系数 0.2127 表示在其他变量(也即 FDI 和 K)保持不变时,lnL 每增加 1%,lnGDP 能增加 0.21%;lnK 的偏回归系数 0.5104 表示在其他变量(也即 FDI 和 L)保持不变时,lnK 每增加 1%,lnGDP 能增加 0.51%;lnF 的偏回归系数 -0.0911 表示在其他变量保持不变时,长沙市的外商直接投资对长沙国内生产总值没有贡献。截距 7.9676 没有什么经济意义。

三、脉冲响应和格兰杰因果检验

脉冲响应函数(IRF:Impulse Response Function)可用来衡量来自随机扰动项的一个标准差冲击对内生变量当前和未来取值的影响,是研究变量间相互影响关系的有效工具。脉冲响应函数要基于 VAR 模型的基础之上。

向量自回归(VAR:Vector Autoregression)模型通常用于相关时间序列系统的预测和随机扰动对变量系统的动态影响,适于经济理论不能为变量间动态关系提供严格的定义,不能确定内生变量出现在方程的左边还是右边的情况。下面,先建立序列 lnGDP、lnF、lnK 和 lnL 的 VAR 模型,然后考虑其脉冲响应(图 2—3 中的 GDP1、F1、K1、L1 分别表示 lnGDP、lnF、lnK 和 lnL)。

图 2—3 的图(1)表示 lnGDP 对一个标准差新息的响应。可以看出,lnGDP 对其自身的一个标准差新息立即有较强的反应,国内生产总值增加了约

0.032,但第二期后,迅速回落,在第四期达到较低的值 − 0.02 后开始上升。该序列对来自其他方程的新息在第一期都没有反应,lnF 一个标准差新息对其影响比较微弱,显示长沙市外商直接投资对国内生产总值的拉动作用不明显,正如回归分析中的结论一样。lnL 对 lnGDP 在第二期后产生了较大的冲击影响,且持续时间长。lnK 对 lnGDP 的影响在零附近波动,且具有收敛的迹象。

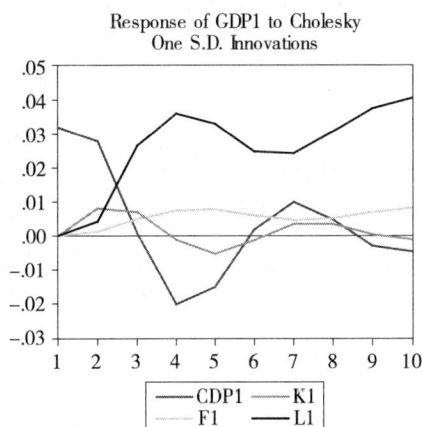

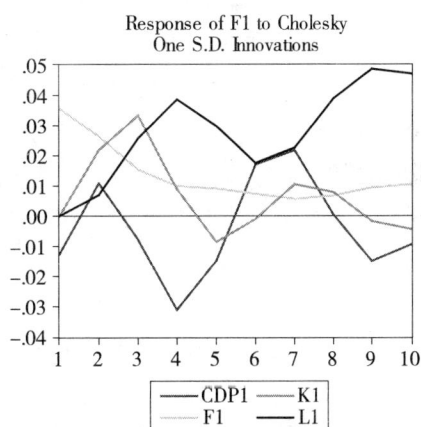

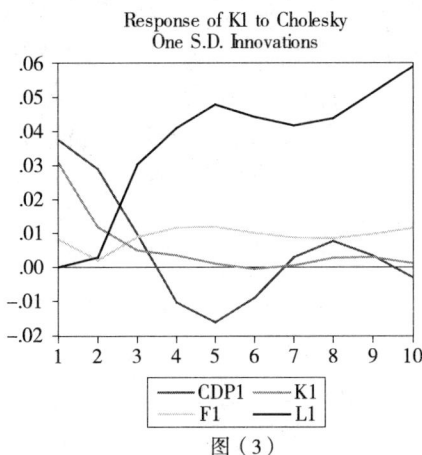

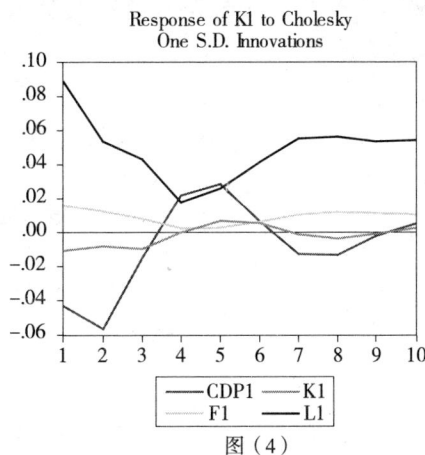

Response of GDP1 to Cholesky
One S.D. Innovations

图（1）

Response of F1 to Cholesky
One S.D. Innovations

图（2）

Response of K1 to Cholesky
One S.D. Innovations

图（3）

Response of K1 to Cholesky
One S.D. Innovations

图（4）

图2—3　脉冲响应

　　图2—3 的图(2)表示 lnF 对一个标准差新息的响应。可以看出在第一期,lnGDP 对 lnF 就产生了负向影响,然后,正负向的冲击交替进行,显示出长

沙市国内生产总值并没有连续地吸引外商直接投资的流入。lnF 对其自身的一个标准差新息在第一期就有较强的正向反应，此后逐渐减小。lnF 对 lnL 的冲击都是正向的，在第二期后更加明显。

图2—3 的图(3)表示 lnK 对一个标准差新息的响应。在短期 lnK 对其他变量的冲击都是正向响应，在中长期，lnK 对 lnGDP 的冲击出现了负向响应。

图2—3 的图(4)表示 lnL 对一个标准差新息的响应。其他变量对劳动投入的冲击在长期都趋向于零，体现出人口稳定增长的特点。

运用线性回归分析方法分析横截面数据，并以此说明 FDI 对 GDP 的影响，从方法论上讲有一定的缺陷，因为 FDI 变量与 GDP 变量之间的同方向变化关系，并不能说明它们之间存在因果关系，而且它们反映的是一个静态的而非动态的行为。基于单个数据的时间序列分析虽然可以证明 GDP 与 FDI 之间存在着同方向变化的正相关关系，但是并不能证明两者之间的因果关系，即 GDP 增长是由 FDI 引起的，或 FDI 增长是由 GDP 引起的，或两者互为因果。

目前国际上解决这一问题使用最广泛的手段是格兰杰因果关系检验方法。这一方法可以从统计表的变量之间关系探寻因果关系的方向及强度。

标准的格兰杰因果关系检验推理如下：

如果利用过去的 X 值与 Y 值共同对 Y 进行预测，比只用过去的 Y 值进行预测误差更小的话，则可以说 X 是 Y 变化的原因，反之亦然。为此，可以构造两个模型：

无限制条件回归方程：$Y_t = a + \sum a_i Y_{t-i} + \sum b_j X_{t-j} + u_t$ (2.12)

Y_t 是其滞后变量 Y_{t-} 和 X 的滞后变量 X_{t-j} 的线性函数。u_t 为零均值非自相关的随即误差项。a、b 为待估系数。零假设为 $H_0: b_j = 0 (j = 0, 1, 2, \cdots, n)$，意味着 X 不是 Y 的原因。若零假设成立，则有：

有限制条件回归方程：$Y_t = a + \sum a_i Y_{t-i} + u_t$ (2.13)

可根据式(2.12)、(2.13)的残差平方和为 SSE_1，SSE_2，构成统计量：

$$F = [(SSE_1 - SSE_2)/n] / [SSE_1/(T - m - n - 1)]$$

服从自由度为 $(n, T - m - n - 1)$ 的 F 分布，其中 T 为样本总量。给定一个显著水平 a，则有对应的临界值 Fa。如果 F > Fa，则以 $(1-a)$ 的置信度拒绝 Ho，在格兰杰意义上 X 是 Y 变化的原因。否则接受 Ho 假设，Y 的变化不是由 X 引起。就检验结果而言，可能的结果有以下几种：

(1)GDP = > FDI   (2)GDP ≠ > FDI   (3)FDI = > GDP   (4)FDI ≠ > GDP

或者是其中两种可能的组合,如 FDI 与 GDP 互为因果。

下面检验 GDP 与 FDI 的因果关系,使用各期以不变价格表示的流量数据,见表 2—7:

表 2—7 以不变价格表示的 GDP 和 FDI 的流量数据

年度	GDP(亿元,不变价格)	FDI(亿元,不变价格)
1990	453568. 61869	1047. 9216316
1991	491144. 0164	1856. 6704313
1992	541283. 11441	12339. 311661
1993	579026. 45373	31859. 134384
1994	626582. 06849	22513. 872929
1995	677493. 92088	17834. 370837
1996	786387. 70485	26969. 422329
1997	909431. 44899	36862. 566678
1998	1009549. 6091	34551. 856328
1999	1093169. 9962	235368. 32605
2000	1216542. 4319	27167. 119892
2001	1371298. 8285	41353. 821336
2002	1543311. 8153	51505. 860539
2003	1749027. 7177	78186. 525977
2004	2067469. 1853	75546. 459047
2005	2719643. 5601	131863. 79415

采用 0.05 的概率作为判断临界值,利用 Eviews5.0 软件运行结果如下:

表 2—8 Granger 检验结果

因果关系假定	滞后	F 值	概率值	决策	因果关系结论
GDP 不是 FDI 的格兰杰原因 FDI 也不是 GDP 的格兰杰原因	1	4. 47531 0. 44360	0. 05598 0. 51799	不拒绝 不拒绝	不能判断 不能判断
GDP 不是 FDI 的格兰杰原因 FDI 也不是 GDP 的格兰杰原因	2	1. 48012 0. 37554	0. 27814 0. 69719	不拒绝 不拒绝	不能判断 不能判断
GDP 不是 FDI 的格兰杰原因 FDI 也不是 GDP 的格兰杰原因	3	2. 45134 0. 68993	0. 16123 0. 59059	不拒绝 不拒绝	不能判断 不能判断
GDP 不是 FDI 的格兰杰原因 FDI 也不是 GDP 的格兰杰原因	4	13. 0208 0. 37273	0. 03074 0. 81787	拒绝 不拒绝	GDP = > FDI 不能判断

结果显示:在滞后1、2、3期的情况下,GDP不是FDI的格兰杰原因,即长沙市经济的增长没有吸引外商直接投资的流入;FDI也不是GDP的格兰杰原因,即长沙市外商直接投资的流入并没有促进长沙市经济的增长。仅在滞后4期的情况下,GDP吸引了FDI的流入,但此时,没有证据显示FDI促进了GDP的增长。因此,无论在哪期,外商直接投资的流入都没有促进长沙市经济增长,这与回归分析中的结果一致。

四、处理结果及分析

以上的回归方程、脉冲响应和格兰杰因果检验都表明:长沙市FDI的流入并没有提高GDP,对经济增长没有明显的推动作用,远低于国内资本和劳动对经济增长的贡献。回归方程显示其他变量保持不变时,内资每增加1%,国内生产总值就能增加0.51%,为何内资和FDI这两种投资形式对长沙经济增长的贡献有这么大的差距?可能的原因是:内资一直是长沙固定资产投资的主要动力,从而可以对经济增长产生实质性的影响。如2003年长沙固定资产投资额为4339498万元,其中内资4062824万元,占93.62%,2004年固定资产投资额为5857979万元,其中内资5492935万元,占93.77%。而2001~2005年间长沙FDI在固定资产投资中的比重还不足10%,FDI在固定资产投资中的比重还不足以对整个经济产生较大的影响。

从上述分析可以看出,此前的引资政策使得引进外资的经济增长效应在我国存在很大的地区差异,外资对东部地区经济增长的作用大于其对中、西部地区经济增长的作用。随着外商直接投资的经济效率、产业选择、导向结构均朝向东部地区有力的趋势发展,东部、中部和西部地区三大经济带的之间的差距将进一步拉大。因此,调整引资战略及政策成为当务之急,必须使之在促进我国经济增长的同时协调区域经济的发展。

参 考 文 献

[1] Chenery Hollis Strout W. Foreign assistance and economic development [J]. American Economic Review, 1966(66): 679 - 733.

[2] Solow Robert M. Technical Change and the Aggregate Production Function [Js] Review of Economics and Statistics, 1957(39): 312 - 20.

[3] Romer Paul M. Increasing Returns and Long- Run. Growth [J]. Journal of Political Economy, 1986(94): 1002 - 37.

[4] Lucas Robert E., Jr. On the Mechanics of Economic Development[J]. Journal of Monetary Economics, 1988(22): 3 - 42.

[5] Coe S, Helpman E, Hooffmaister sA. North- south R&D Spillovers[Z.] CEPR Discussion Paper, 1995, 20 NO. 1133.

[6] Keller W. Absorptive Capacity. on the Creation and Acquisition of Technology in Development [J]. Journal of Development, 1996(49): 199 - 227.

[7] Jansen K. The Macroeconomic Effects of Direct the Case of Thailand [J]. World Development, 1995(23): 193 - 210.

[8] A thukorala P., J. Menon. Developing with Foreign Investment: Malaysia [J]. The Australian. Economic Review, 1995(1): 9 - 12.

[9] Arrken, Brian J., Ann F. Harrison. Do Domestic Firm s Benefit from Direct Foreign Investment? Evidence from Venezuela[J]. American Economic Review, 1999(89): 232 - 237.

[10] Borensztein, Eduardo, Jose De Gregorio, Jong- W ha Lee. How Does Foreign Direct Investment Affect Economic Growth [Z]. NBER Working Papers 5057, National Bureau of Economic Research, 1995.

[11] Cornwall. Growth Theory and Economic Structure [J]. Economics, 1994(61): 237 - 251.

[12] Salz I. S. The Negative Correlation Between Third World: Theory and Devidence [J]. Internationale discienze Economich commerciali, 1992(39): 617 - 633.

[13] S. Jordan, GTian and F. Sun. Causality Between FDI and Economic in Yanrui Wu(ed.) Foreign Direct Investment and Economic Crowth in China 1999: 140 - 156.

[14] 钟昌标:《外资与区域经济增长关系的理论与实证》,《数量经济技术与经济研究》,

2000 年第 1 期。

[15]沈坤荣等:《外国直接投资:技术外溢与内生经济增长》,《中国社会科学》,2001 年第 5 期。

[16]陈浪男、陈景煌:《外商直接投资对中国经济增长影响的经验研究》,《世界经济》, 2002 年第 6 期。

[17]江小涓:《利用外资与经济增长方式的转变》,《管理世界》,1999 年第 2 期,第 7 ~ 15 页。

[18]王成歧、张建华、安辉:《外商直接投资、地区差异与中国经济增长》,《世界经济》, 2002 年第 4 期。

[19]蔡昉、都阳:《中国地区经济增长的趋同与差异——对西部开发战略的启示》,《经济研究》,2000 年第 10 期,第 30 ~ 37 页。

[20]沈坤荣、马俊:《中国经济增长的"俱乐部收敛"特征及其成因研究》,《经济研究》, 2002 年第 1 期,第 33 ~ 39 页。

[21]郑月明、曾丹:《中国区域经济增长与 FDI 的区域差异分析》,《经济问题》,2004 年第 12 期,第 23 ~ 25 页。

[22]魏后凯:《外商直接投资对中国区域经济增长的影响》,《经济研究》,2002 年第 4 期, 第 19 ~ 25 页。

[23]Sun, H. Foreign Investment and Economic Development in China, 1979 – 1996[J], London: Ashgate Publishing Limited 1998.

[24]武剑:《外国直接投资的区域分布及其经济增长效应》,《经济研究》,2002 年第 4 期, 第 27 ~ 35 页。

[25]李竹宁:《外商直接投资与上海经济增长相关性及其挤入挤出效应研究》,《上海应用技术学院学报》,2003 年第 4 期。

[26]张立芳、李琛琛:《外商直接投资对大连经济增长的拉动作用》,《区域经济》,2004 年第 5 期。

[27]王新燕、张伟:《云南进出口和 FDI 与经济增长关系的实证分析》,《云南财贸学院学报》,2005 年第 7 期。

[28]Edmund, R. Thompson. Clusting of Foreign Direct Investment and Enhanced Technology Transfer: Evidence from Hong Kong Garment Firms in China [J]. World Development, 2002, 30(5): 873 – 889.

[29]林毅夫、蔡昉、李周:《中国的奇迹:发展战略与经济改革》,上海三联书店,2003 年版。

[30]蔡昉、都阳:《中国地区经济增长的趋同与差异——对西部开发战略的启示》,《经济研究》,2000 年第 10 期,第 30 ~ 37 页。

[31]沈坤荣、马俊:《中国经济增长的"俱乐部收敛"特征及其成因研究》,《经济研究》, 2002 年第 1 期,第 33 ~ 39 页。

［32］武剑:《外国直接投资的区域分布及其经济增长效应》,《经济研究》,2002 年第 4 期,第 27 ~ 35 页。

［33］胡宜朝、雷明:《中国分省 FDI 的引进效率评价与解析》,《数量经济技术经济研究》,2006 年第 5 期。

［34］蒋蕊萍:《西部开发中的外商直接投资问题研究》,《兰州大学学报(社科版)》,2000 年第 3 期,第 11 ~ 16 页。

第三章 中国引进外资的技术进步效应

外资的进入有力地促进了东道国经济的快速增长,带来了先进技术、管理经验、营销理念,从而推动国内企业增强竞争力,提高经济效益。其中,技术外溢效应被认为是外资促进东道国经济增长最重要的机制之一。然后,外商直接投资作为一种"打包"的资本,能否真正产生溢出效应,从而促进我国技术水平的提升? 这是一个值得研究的问题。本章将从理论和实证两方面对这一问题进行深入分析。

第一节 国内外研究状况

一、FDI 外溢效应促进东道国经济增长的研究

外溢效应被认为是 FDI 促进东道国经济增长最重要的机制。Borenstein (1998)[1]等人利用 1970～1989 年 69 个发展中国家的资料进行实证研究,证实 FDI 与东道国的人力资本存量结合起来对经济增长起到明显的推动作用,说明了单纯的 FDI 流入会直接导致技术溢出效应。姚洋(1998)[2]利用第三次全国工业普查的资料,讨论了外资企业的溢出效应后认为,与国有企业相比国外三资企业的技术效率要高 39%,港澳台三资企业要高 33%,并且行业中三资企业数量的比重每增加 1%,每个企业的技术效率就会提高 1.1%,但其缺陷是只笼统地考察了溢出效应,没有具体说明是地区内效应还是行业内效应。沈坤荣(1999)[3]利用各省份的 FDI 总量与各省份的全要素生产率作横截面的相关分析,得出 FDI 占 GDP 的比重每增加 1%,可以带来 0.37% 的综合要素生产率增长的结论。何洁等(1999)[4]认为 FDI 带来的技术水平每提高 1%,我国内资工业企业的技术外溢就提高 2.3%。以上都是对 FDI 技术外溢持肯定态度的观点。而王岳平(1997)[5]则认为,外资进入中国主要是为了占领中国的市场而不是生产出具有国际领先水平的产品,FDI 不会对企业

技术效率的提高起很大作用。不过这是一种短期观点,从长期来看,市场占有离不开技术上的领先,自然会有溢出发生。

二、FDI 促进我国技术提升的渠道研究

关于 FDI 促进我国技术提升的渠道,代表性的观点有以下几种。林毅夫(2000)[6]以可口可乐的灌装系统对中国的经济影响说明了联系效应对技术溢出渠道的重要性。姚洋等(2001)[7]认为 FDI 的外溢效应主要是通过人员的流动而不是技术引进的方式在起作用,其外溢效应主要体现在一个省份内部,行业内的外溢效应并不明显,证明这种溢出效应主要是通过管理示范而不是技术扩散形成的。张建华等(2003)[8]也有类似的看法,他们运用计量模型对广东省 1997~1999 年 39 个行业与 21 个城市进行了实证分析,结果显示传染效应和联系效应是广东省 FDI 外溢过程中效果较为显著的,且形成了一定的聚集效应,同时 FDI 在行业中的外溢效应小于在地区内的效应。而包群等(2002)[9]建立了用外商直接投资将技术内生化的增长模型,协整分析的结果表明 FDI 虽然促进了我国的技术进步,但这一作用土要是通过外资企业自身要素生产率的提高,外资企业对国内企业的技术外溢效果并不明显。

三、影响 FDI 溢出效应的因素研究

近年来,国内学者对影响 FDI 溢出效应的因素进行了分析。何洁(2000)[10]认为外溢效应对当地经济的正向促进作用必须建立在经济发展水平提高、基础设施完善、自身技术水平提高和市场规模扩大的基础之上,其中当地的技术水平对 FDI 的正向外溢效应存在负面作用,技术水平提高的速度越快,FDI 正向外溢效应的增加减慢,因此单纯提高一个地区的经济开发程度对提高 FDI 的外溢效应水平是没有意义的。张建华等以广东为例考察了 FDI 的技术溢出及其对经济增长的影响,结论与此相似。陈涛涛等(2003)[11]对"技术差距"、"资本密集度"和"行业集中度"等受到普遍重视的行业因素进行了研究,表明"技术差距"是影响 FDI 对我国行业内溢出效应最直接也是最重要的因素之一,而"资本密集度"和"行业集中度"对 FDI 的溢出效应的影响只有在与"技术差距"共同考察时才会反映出来。陈涛涛(2003)[12]还利用中国制造业 84 个四位码行业的数据,对 FDI 对中国产生的行业内溢出效应的

内在机制进行了经验研究,证明充分竞争时产生溢出效应的有效机制,在内外资企业的竞争能力差距较小的行业中,两类企业之间的竞争更加充分和有效,有利于溢出效应的产生。

第二节 外商直接投资对东道国技术进步影响的机制分析

在当今知识经济时代,技术创新正在世界范围内深刻变革着生产力和生产方式,导致世界经济竞争日趋白热化,提高各国经济增长速度和方式的不确定性,引起全球经济格局的重大调整。各国都在积极致力于推动本国的技术进步,高度重视技术的自主创新,试图抢占核心技术的制高点,以期增强国际竞争力。发展中国家则试图通过引进外资,获得发达国家的技术溢出来提高本国的技术水平。

一、模型设定

运用埃奇沃斯盒状图可以分析外商直接投资影响东道国技术进步的机制,在外商直接投资发生时,资本流入东道国,其核心技术的研发能力提高,与发达国家核心技术研发差距缩小,技术进步得以实现,自主创新能力加强。在跨国公司完成投资且经营一段时间获得巨额利润,并把利润汇回投资国时,如果汇回投资国的利润多于在东道国投入的资金,东道国核心技术研发能力将下降,两国的技术差距将扩大,东道国的技术水平停滞不前,自主创新能力弱。相反,如果汇回投资国的利润少于在东道国投入的资金,东道国核心技术研发能力相对外资进入前将有所提高,从而促进其技术进步。

在 $2 \times 2 \times 2$ 的分析框架下,假定有 H、F 等两个国家、资本(K)和劳动(L)等两种生产要素、非核心技术产品 N 和核心技术 C 等两种产品。假定 H 国劳动充裕而资本缺乏,F 国资本充裕而劳动缺乏,$K_H < K_F$,$L_H > L_F$,如图 3—1 所示,盒状图的长和高分别表示一国的资本数量 K 和劳动数量 L,H 国盒状图呈直立状态,F 国盒状图呈平躺状态。假定核心技术 C 是资本密集型的,非核心技术产品 N 是劳动密集型的,给定两类产品 C、N 的相对价格,两类产品需投入的劳动—资本比例也即确定(Krugman,2002)[13],如图 3—1 所示,直线 CE 的斜率 $\dfrac{L_C}{K_C}$ 表示研发核心技术 C 的劳动—资本比例,直线 $N_H D_H$ 的

斜率 $\dfrac{L_N}{K_N}$ 表示生产非核心技术产品 N 的劳动—资本比例,直线 CE 的斜率小于

直线 $N_H D_H$ 的斜率,即 $\dfrac{L_C}{K_C} < \dfrac{L_N}{K_N}$。假定资本可以跨国自由流动,而劳动只能在

国内各部门之间流动,两种资源都充分利用。假定外资进入前后,H、F 两国投入到任意一类产品生产中的资本—劳动比例保持不变。假定一国的技术水平与其核心技术的研发数量高度正相关、与其他国的核心技术研发差距高度负相关。

二、外资进入前两国核心技术的研发能力

运用图 3—1 可以考察外资进入前两国核心技术的研发能力。图 3—1 中,H 国的 CE 与 $N_H D_H$ 相交于点 1 ,点 1 表示 H 国资本和劳动在两类产品生产上的配置情况,同时也表示 H 国两类产品的数量。在以点 C 为原点的坐标系中,H 国投入到核心技术 C 的劳动数量和资本数量分别为 CL_C 和 CK_C ,在以点 N_H 为原点的坐标系中,H 国投入到非核心技术产品 N 的劳动数量和资本数量分别为 $N_H L_N$ 和 $N_H K_N$,且 $CL_C + N_H L_N = L_H$,$CK_C + N_H K_N = K_H$。图 3—1 中,F 国的 CE 与 $N_F D_F$ 相交于点 1′ ,点 1′ 表示 F 国资本和劳动在产品生产 C、N 上的配置情况,同时也表示 F 国两类产品的数量。在以点 C 为原点的坐标系中,F 国投入到核心技术 C 研发的劳动数量和资本数量分别为 CL'_C 和 CK'_C ,在以点 N_F 为原点的坐标系中,F 国投入到非核心技术产品 N 的劳动数量和资本数量线段分别为 $N_F L'_N$ 和 $N_F K'_N$,且 $CK'_C + N_F K'_N = K_F$,$CL'_C + N_F L'_N = L_F$。由图 3—1 可知,$N_H K_N > N_F K'_N$,$N_H L_N > N_F L'_N$;$CK_C < CK'_C$,$CL_C < CL'_C$。H 国核心技术 C 的研发数量少于 F 国,研发差距为点 1 与点 1′ 之间的距离。

三、外资进入时两国核心技术的研发能力

运用图 3—2 可以考察外资进入时两国核心技术的研发能力。当 F 国到 H 国进行直接投资,外资进入 H 国企业时,H 国资本数量增加,F 国资本数量减少。这在图 3—2 中表现为 H 国盒状图的长变宽,F 国盒状图的长变窄,$K_H^1 > K_H$,$K_F^1 < K_F$,且 $K_H^1 - K_H = K_F - K_F^1$。在给定的劳动—资本比例下,$H$ 国

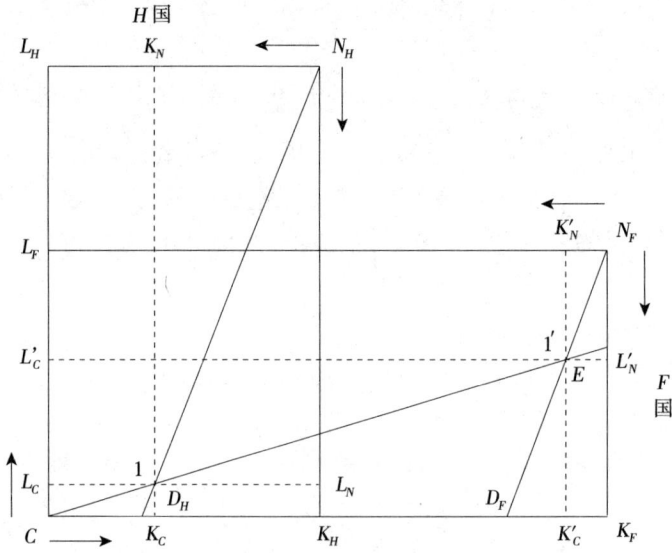

图 3—1

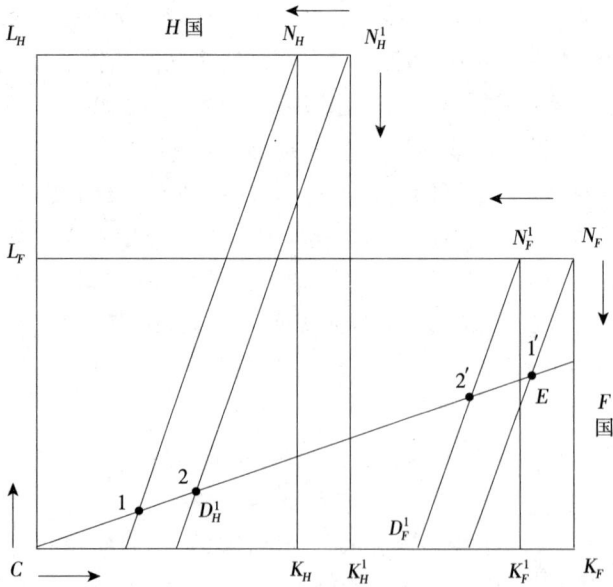

图 3—2

核心技术 C 的要素投入用以点 C 为原点出发的直线 CE 来衡量。直线 CE 与直线 $N_H^1 D_H^1$ 相交于点 2，点 2 表示外资进入时 H 国资本和劳动在产品 C、N 上的配置。H 国投入到核心技术 C 的资本和劳动数量增加，投入到非核心技术产品 N 的资本和劳动数量减少，非核心技术产品 N 的研发数量下降，核心技术 C 的研发数量上升，自主创新能力提高。与 H 国类似，F 国核心技术 C 的要素投入用直线 CE 来表示，直线 CE 与直线 $N_F^1 D_F^1$ 相交于点 $2'$，点 $2'$ 表示外资进入时 F 国资本和劳动在产品 C、N 上的配置。F 国投入到非核心技术产品 N 的资本和劳动数量增加，投入到核心技术 C 的资本和劳动数量减少，非核心技术产品 N 的研发数量上升，核心技术 C 的研发数量下降。H、F 两国的核心技术研发差距缩小，如图 3—2 所示，点 2 与点 $2'$ 之间的距离小于外资进入前点 1 与点 $1'$ 之间的距离，H 国的技术水平得到提高。

四、外资进入影响东道国技术进步的机制分析

运用图 3—3 和图 3—4 可以考察跨国公司汇回利润时两国核心技术的研发能力，以及外资进入影响东道国技术进步的机制。F 国跨国公司在 H 国经营一段时间后获得了巨额利润，并把这些利润汇回到国内，这将影响 H、F 两国的资本积累，使得 H 国的资本数量减少，F 国的资本数量增加，在埃奇沃斯盒状图上表现为 H 国盒状图的长变窄，F 国盒状图的长变宽。这时将出现三种不同的情况：

第一，跨国公司汇回 F 国的利润总额多于外资进入时投入到 H 国的资金总额。这种情况下，F 国的资本数量增加，相应盒状图的长变宽，如图 3—3 所示，$K_F^2 > K_F > K_F^1$，而 H 国的资本数量比外资进入前少，相应盒状图的长缩短到初始长度以内，$K_H^2 < K_H < K_H^1$，且 $K_H^1 - K_H^2 = K_F^2 - K_F^1$，$K_H - K_H^2 = K_F^2 - K_F$。此时，$F$ 国投入到核心技术 C 的资本数量和劳动数量增加，核心技术 C 的研发数量增加。H 国投入到核心技术 C 的资本数量和劳动数量比初始投入量还要少，核心技术 C 的研发数量大幅减少、自主创新能力削弱，与 F 国在核心技术上的研发差距进一步扩大，如图 3—3 所示，点 3 到点 $3'$ 之间的距离大于初始状态时点 1 与点 $1'$ 之间的距离，H 国技术水平倒退。

第二，跨国公司汇回 F 国的利润总额少于外资进入时投入到 H 国的资金总额。这种情况下，H 国资本数量减少，但仍多于外资进入前的数量，在图 3—4 中表现为长变窄，但缩短的幅度小于外资进入时扩张的幅度，$K_H^1 > K_H^3$

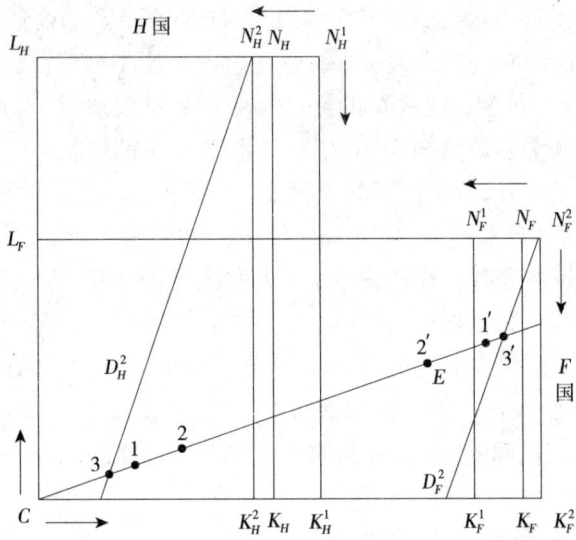

图 3—3

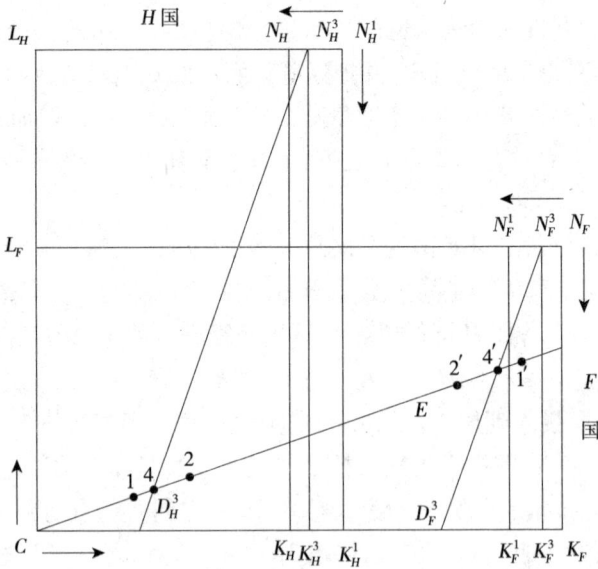

图 3—4

$> K_H$。图3—4中的点4表示此时 H 国资本和劳动在技术产品 C 、N 上的配置,与跨国公司汇回利润前相比(点2),H 国投入到核心技术 C 的资本数量和劳动数量减少,核心技术 C 的研发数量减少,但与外资进入前相比(点 1), H 国投入到核心技术 C 的资本数量和劳动数量增加,核心技术 C 的研发数量增加,自主创新能力提高。F 国资本数量增加,但仍少于外资进入前的数量,在盒状图上表现为长变宽,但扩张的幅度小于外资进入时缩短的幅度,如图 3—4 所示, $K_F > K_F^3 > K_F^1$ 。点 4′ 表示此时 F 国资本和劳动在技术产品 C 、N 上的配置,与跨国公司汇回利润前相比(点 2′), F 国投入到核心技术 C 的资本数量和劳动数量增加,核心技术 C 的研发数量增加,但与外资进入前相比(点 1′), F 国投入到核心技术 C 的资本数量和劳动数量减少,核心技术 C 的研发数量减少。这表明在跨国公司汇回的利润总额少于外资进入时投入资金总额时, H 国与 F 国的核心技术研发差距小于初始差距,如图 3—4 所示,点 4 与点 4′ 之间的距离小于点 1 与点 1′ 之间的距离, H 国的技术水平得到提高。

第三,跨国公司汇回的利润总额恰好与外资进入时投入的资金总额相等。这种情况下, H 、F 两国的资本数量分别回到外资进入前的水平,两国盒状图的长和资本、劳动在两类产品上的配置均回到初始状态,两国核心技术 C 的研发数量和差距与外资进入前没有变化, H 国的技术进步没有受到影响。

以上的分析表明,外商直接投资使得资本流入,东道国核心技术的研发能力提高,与发达国家核心技术研发差距缩小,其技术水平得到提高,只有跨国公司在东道国掌握了企业的控制权或控股权,把取得的利润汇回母国,且汇出额超过其资金投入额时,东道国的核心技术研发能力才会受到影响,进而影响技术进步。

第三节 外商直接投资对我国技术进步影响的 实证分析——以长沙为例

关于 FDI 对经济增长的影响的微观分析主要研究 FDI 影响经济增长的内在机制,以及 FDI 是否对经济增长的长期性因素(如技术水平)产生影响,实证研究结论有两类:

一类研究认为 FDI 的外溢效应比较显著。国外如 Kokko 等(1996)[14] 对乌拉圭的研究,Blomstrom 和 Sjoholm(1999)[15] 对印度尼西亚的研究,Liu 等(2000)[16] 对英国的研究。国内如沈坤荣(1999)[17]、何洁(2000)[18]、秦晓钟等(1998)[19] 对中国的研究。

但其他一些研究(Haddad 和 Harrison,1993[20];Aliken 和 Harrian,

1999[21];Konings,2001[22])得出的结论却不是如此乐观,他们认为外国投资企业在东道国境内并没有产生理论上所认为的外溢,至少就测度的年份是如此。东道国企业在技术效率方面并没有从外国投资企业获益或是获益不多。

下面检验 FDI 与长沙的技术水平,FDI 作为一种"打包"的资本,具有"技术、管理、网络及经验"等多维属性,有可能产生技术外溢,这是 FDI 对经济增长的间接或微观作用。

一、模型的建立

技术溢出是指跨国公司在东道国设立子公司而引起当地技术或生产力的进步,但跨国公司又无法获得全部收益的情形。技术溢出是发展中国家分享世界技术进步成果、追赶发达国家的重要路径,它构成发展经济学中"后发优势"的核心。

许多学者曾以不同国家为考察对象,研究 FDI 是否对东道国(或东道国企业)有溢出效应,在他们的模型中,被解释变量形形色色,如国内企业的产出水平,从业人员的人均增加值等。这些文献从不同角度对 FDI 是否存在溢出效应进行了研究,为了反映 FDI 对长沙市整体技术水平的影响,笔者认为需要考察 FDI 对技术水平的代表性指标——全要素生产率(Total Factor Productivity,简称 TFP)的作用。

全要素生产率是指所有要素的生产效率,即总产出量和所有生产要素结合在一起的投入量之比。要研究 FDI 对长沙 TFP 的影响,首先要对 TFP 进行测算。精确计算 TFP 难度较大,因为涉及通过资本、劳动等要素投入与产出的关系来建立生产函数,进而获得资本和劳动的产出弹性。为了减少计算量,借鉴已有文献的研究方法,建立 FDI 内生化的技术进步模型。

FDI 促进东道国技术进步的作用可以分为直接作用和间接作用。联合国的《1992 年世界投资报告》指出:外资促进东道国技术进步的直接作用是指外资可以提高东道国的要素生产率,促进东道国进行研究与开发,引起组织创新,提高管理水平。正如传统的外商直接投资区位决定要素理论所表明的,拥有先进技术、研发能力、管理经验这些所有权优势是外商直接投资行为发生的一个前提条件,外资较高的要素生产率将直接带动东道国技术进步。间接作用是指外资可以通过与东道国的研发机构合作,和当地前向与后向合作者合作,加剧当地市场竞争,以及培训当地员工等途径溢出技术,从而对东道国的技术进步产生促进作用[23]。借鉴 Keller 和 Wolfgang(2001)[24]的研究结论，用外商直接投资占国内总投资的比重(SHARE)来反映外资企业技术外溢效果,这一比重越大,外资企业的技术外溢效应也越明显。

以新增长理论为基础,以传统的 Cobb-Douglas 生产函数:

$$Y = AL^{\alpha}K^{\beta} \qquad\qquad (3.1)$$

为基本模型,采用赖明勇等(2002)的研究方法,建立 FDI 内生化的技术进步模型如下:

$$A = B[1 + \eta SHARE]F^{\theta} \qquad\qquad (3.2)$$

将(3.2)式代入(3.1)得:

$$Y = B[1 + \eta SHARE]F^{\theta}L^{\alpha}K^{\beta} \qquad\qquad (3.3)$$

对(3.3)式两边同时取自然对数,得到:

$$LnY = LnB + Ln(1 + \eta SHARE) + \theta LnF + \alpha LnL + \beta LnK \qquad (3.4)$$

根据极限的近似计算性质得:当 x 趋向于无穷小的一个数时,Ln(1 + x) = x。因此,上式可简化为:

$$LnY = LnB + \eta SHARE + \theta LnF + \alpha LnL + \beta LnK \qquad (3.5)$$

各变量的含义如下:

Y:总产出,以长沙国内生产总值(GDP,万元)衡量,与上节模型中的含义相同;

A:综合技术进步因子,用来度量长沙市全要素生产率(TFP);

L:长沙市劳动力投入量,与上节模型中的含义相同;

K:长沙市内资存量,与上节模型中的含义相同;

SHARE:长沙外商直接投资占长沙总固定资产投资的比重;

F:长沙市外商直接投资存量(万元),与上节模型中的含义相同;

B:全要素生产率的影响因素的残余值,表示影响技术进步的各种其他因素;

θ:外资企业与国内企业相比的相对生产率弹性系数。反映了外资企业促进技术进步的直接作用;

η:外商直接投资占总投资比重的弹性系数,衡量外资企业的技术外溢效果。如 η 为 0,则(3.2)式变为 $A = BFDI^{\theta}$,这时外商直接投资对技术进步的作用仅限于直接效应;如 η 的值为正数,说明流入长沙市的外商直接投资对市内企业存在正的技术外溢作用;反之,如果计算的 η 值为负数,则表明流入长沙市的外商直接投资对市内企业的技术进步还存在一定的阻碍效果。

二、处理结果及分析

利用上述变量对式(3.5)进行回归得：
LnGDP = 7. 4303 + 0. 5739SHARE − 0. 1421LnF + 0. 2052LnL + 0. 5943LnK

$$(3.6)$$

t − Statistic = (11. 2726)　(1. 7651)　(− 3. 6761)　(3. 2037)　(6. 6910)

se =　　　(0. 6591)　(0. 3252)　(0. 0387)　　(0. 0640)　(0. 0888)

p =　　　(0. 0000)　(0. 1053)　(0. 0037)　　(0. 0084)　(0. 0000)

R − squared：0. 9959　　　Adjusted R − squared：0. 9943

AIC：− 3. 3124　　　　SC：− 3. 0710　　　D. W：2. 1057

回归结果表明：R^2 和调整后的 R^2 接近于 1，表明约有 99. 5% 的 lnGDP 的变化可由 lnF、lnK、lnL 和 SHARE 这些解释变量来解释，模型的拟合效果很好，F 检验的相伴概率反映变量间呈线性，回归方程显著。查表可知：a = 0. 05，自由度为 15(n − 1)的双边检验的 t 分布的临界值为 2. 131，a = 0. 10 时的临界值为 1. 1753，上述统计量 LnF、LnL、LnK 通过了概率为 5% 的显著性检验，SHARE 通过了概率为 10% 的显著性检验。

得出的主要结论有：

(1)F 的相关系数 θ 为 − 0. 1421，t 检验值为 − 3. 6761，表明 FDI 与长沙市技术进步的直接作用之间存在负相关关系。由此可见，外商直接投资并没有以其较高的要素生产率，通过直接效应促进长沙的技术进步。

(2)SHARE 的相关系数 η 为 0. 5739，t 检验值为 1. 7651，表明流入长沙市的外商直接投资对市内企业存在正的技术外溢作用。

(3)外商直接投资通过技术进步来促进经济的内生增长，其途径主要有两条：①提高外资企业自身的相对要素生产率(θ)；②通过外资企业对国内部门、当地企业产生的技术外溢效果(η)。因此，外商直接投资促进我国技术进步的综合效应由 θ、η 共同决定，令外资企业技术进步的综合效应为 σ，可计算出：

$$\sigma = (\eta + \theta) \div (1 - \eta - \theta)$$

将 η = 0. 5739，θ = − 0. 1421 代入，得出 σ = 2. 14，即外资企业促进长沙市技术进步的综合效应为 0. 76，意味着外资企业自身要素生产率和外资企业占长沙市总投资的比重同时提高 1 个百分点，可以促进长沙市全要素生产率提高

0.76 个百分点。

（4）从回归结果还可以看出，内资投入的相关系数为 0.5943，t 检验值为 6.6910，表明内资投入与长沙市技术进步之间存在明显的正相关关系。

（5）劳动力投入量的相关系数为 0.2052，小于内资投入的相关系数，表明劳动力投入量对长沙技术进步的贡献小于内资投入的贡献。

从结论（1）（2）（3）可知：现阶段外资企业促进了长沙市技术进步，这种促进作用依赖于外资企业对当地企业技术外溢的间接效应，而非自身要素生产率的提高。为什么会出现这种情况？对此可能的解释和结论是：

第一，进入长沙的 FDI 中，港澳台资本超过 60%，它们投资规模较小、技术含量偏低，无法以高的要素生产率直接带动当地技术进步。这启示，在以后引资过程中，保证港澳台 FDI 质量的同时，应注意吸引更多的欧美日 FDI，尤其是大型跨国公司的投资。

第二，FDI 的进入使市场竞争加剧，竞争的加剧可以优化组织，提高资源利用效率。为了不被市场淘汰，长沙市企业不得不采用新技术，降低成本以提高生产效率和竞争力。这对于技术进步机制残缺的市内企业来说尤其重要。竞争加剧也迫使外资企业采用更有效率的技术，有助于研发活动的增加。如韩国 LG、荷兰菲利浦、日本三菱、日本三井物产、日商岩井、伊莱克斯、法国道达尔、法国达能、德国博世等 14 家世界 500 强企业先后在长沙市经济开发区进行投资，带来了先进的管理经验和技术水平，对市内企业起到强烈的示范作用。在竞争的压力下，市内企业会试图采取各种办法，学习模仿外商投资企业的先进技术，以更新它们的生产方式和技术，增强自身的竞争力。以上说明，FDI 的进入产生了有益的竞争效应和示范—模仿效应。值得一提的是，作为外溢主渠道的模仿效应会随着技术差距的缩小而减弱。FDI 的外溢程度更多地取决于 FDI 的质量高低，而非数量大小。简单强调对外开放度的提升，并不一定能达到促进外溢的效果。因此，要扩大外溢效应则必须注意根据长沙的发展状况提升引进外资的技术水平。

第三，FDI 进入长沙后，为促进本地化战略—配套本地化、市场本地化，它们需要与本地企业形成紧密的前向和后向联系，实现并提高这些联系的价值，这离不开 FDI 对本地企业提出技术要求，甚至提供技术支持或在研发上进行合作，无论哪种方式，都对改善内资企业的技术水平大有益处。所以，将利用外资与该市产业结构调整相结合，深化产业分工，加强产业联系，引导 FDI 进入关联性强、带动性大的行业，实现"干中学"、"向客户学习"，将有利于充分发挥 FDI 的技术外溢,提升技术水平。

通过上述分析可知,如何进一步加强外资的技术外溢应当成为下一步我国调整引资战略政策的重点。

参 考 文 献

[1] Borenztein, E., J. De Gregorio and J. W. Lee. How does Foreign Investment Affect Economic Growth? [J], Journal of International Economics, 1998(45): 115 - 135.

[2] 姚洋:《非国有经济成分对我国工业企业技术效率的影响》,《世界经济》,1998 年第 2 期。

[3] 沈坤荣:《外商直接投资与中国经济增长》,《管理世界》,1999 年第 1 期。

[4] 何洁、许罗丹:《我国工业部门引进外国直接投资的外溢效应的实证研究》,《世界经济文汇》,1999 年第 2 期。

[5] 王岳平:《外商直接投资与中国工业发展的实证分析》,《北京大学中国经济研究中心讨论稿》,1997 年。

[6] 林毅夫:《可口可乐灌装系统对中国经济的影响》,《北京大学中国经济研究中心讨论稿》,2000 年。

[7] 姚洋、章奇:《中国工业企业技术效率分析》,《经济研究》,2001 年第 10 期。

[8] 张建华等:《外商直接投资、技术外溢与经济增长——对广东数据的实证分析》,《经济学季刊》,2003 年第 3 期。

[9] 包群、赖明勇:《中国外商直接投资与中国技术进步的实证研究》,《经济评论》,2002 年第 6 期,第 70~71 页。

[10] 何洁:《外商直接投资对中国工业部门外溢效应的进一步精确量化》,《世界经济》,2000 年第 12 期。

[11] 陈涛涛等:《对影响我国外商直接投资行业内溢出效应的因素的经验研究》,《金融研究》,2003 年第 5 期。

[12] 陈涛涛:《中国 FDI 行业内溢出效应的内在机制研究》,《世界经济》,2003 年第 9 期。

[13] 保罗·克鲁格曼、茅瑞斯·奥伯斯法尔德:《国际经济学(第五版)》,中国人民大学出版社 2002 年版。

[14] Kokko, A. Tansini, R., Zejan, M. C. Local technology capability and productivity spillover from FDI in the Uruguayan manufacturing sector [J]. Journal of Development Studies, 1996 (32): 602 - 611.

[15] Bolmstrom, Sjoholm. Technology transfer and spillovers: Does local participation with multi-

nationals matter?[J]. European Economic Review 1999(43):915 - 923.

[16]Liu, X., Siler, P., Wang, C., Wei, Y. Productivity Spillovers from Foreign Direct Invest-ment: Evidence from UK Industry Level Panel Data [J]. Journal of International Business Studies, 2000, 31(3):407 - 425.

[17]沈坤荣:《外商直接投资与中国经济增长》,《管理世界》,1999 年第 1 期。

[18]何洁:《外商直接投资对中国工业部门外溢效应的进一步精确量化》,《世界经济》,2000 年第 12 期。

[19]秦晓钟、胡志宝:《外商对华直接投资技术外溢效应的实证分析》,《江苏经济探讨》,1998 年第 4 期。

[20]Haddad, M., Harrion, A. Are there spillovers from direct foreign investment? Evidence from panel data for Morocco[J]. Journal of Economics 1993(114):83 - 116.

[21]Aitken, B., Harrison, A. Do domestic firms benefit from foreign direct investment? Evidence from Venezuela[J]. American Economic Review 1999(89):605 - 618.

[22]Konings, J. The effect of foreign direct investment on domestic firms: evidence from level panel data in emerging economies [J]. Economics of Transition 2001(9): 619 - 633.

[23]沈坤荣、耿强:《外国直接投资、技术外溢与内生经济增长——中国数据的计量检验与实证分析》,《中国社会科学》,2001 年第 5 期。

[24]Keller and Wolfgang. International Technology Diffusion[J]. National Bureau of Economic Research, 2001.

第四章　中国引进外资的就业效应

随着进入中国的外商直接投资越来越多,其对劳动力的需求逐渐增加,越来越多的劳动力被吸引到外资企业,引进外资的就业效应逐步显现,本章将就此进行分析研究。结合转型期中国的特殊国情,主要考察以下两个问题:(1)外商直接投资对我国农业剩余劳动力部门间转移的影响;(2)外商直接投资对我国服务业就业的影响。

第一节　国内外研究状况

国内外对 FDI 影响就业的研究,主要集中于探讨 FDI 作为一种"资本"通过"投资"这个渠道,对东道国就业或母国就业究竟将产生怎样的直接或间接的影响。有关 FDI 影响这两类国家就业的研究主要分为理论研究和实证研究。

一、FDI 影响就业的理论研究

在国外,由于早期的 FDI 绝大多数是发生在平行国家之间,即发达国家与发达国家之间的,学者大多集中探讨 FDI 作为一种知识,而非资本的形式对东道国及母国所产生的影响(Helpman,1984[1]；Markusen,2002[2]；Helpman、Melitz 和 Yeaple,2004[3])。他们的研究提供了一个综合性的理论框架,为更详细深入的模型分析提供了基础。

Markusen、Rutherford 和 Tarr(2000)[4]对此进行拓展,将 FDI 回归到资本的角度,利用柯布-道格拉斯生产函数,深化了一般均衡与局部均衡模型,探讨服务业外资对国内就业市场的影响,认为对国内熟练劳动力的保护政策对国内劳动有害无益。在 Markusen、Rutherford 和 Tar 之后,Aizenman(2003)[5]运用中间市场理论,探究了跨国公司在新兴市场的深度发展对宏观经济变动成本的影响。他认为由于新兴市场的不稳定性,跨国公司将降低在该市场的投资成本,减少雇佣劳动,或将雇佣从不稳定市场向稳定市场转移。而 Claro (2005)[6]则建立了 FDI 与劳动力市场的一般均衡模型,研究 FDI 对发展中国家就业的影响。他认为,在劳动力充裕、技术落后、FDI 进入成本低的国家,FDI 的流入能促进工资水平的上升、提高均衡工资率,并将促使东道国国家生产结构由劳动密集型向资本密集型转变。

在国内,蔡昉和王德文(2005)[7]建立了人力资本的分析框架,认为通过引入先进的技术、设备和管理经验,FDI 不仅推动了中国产品结构、产业结构和技术结构转型,同时,还对增加就业、促进劳动力市场发育以及人力资本积累具有积极作用。唐琳和张诚(2006)[8]从生产函数出发,分析了 FDI 对东道国就业的直接效应、短期间接效应和长期间接效应,发现 FDI 是否有利于东道国就业取决于自身乘数作用的大小。李红和戴鸿(2006)[9]通过建立本地企业与发达地区投资企业相互竞争的博弈模型,就吸引发达地区直接投资对欠发达地区就业水平的影响进行分析发现,短期内,吸引直接投资可能导致非技术人员雇佣数量下降,但在长期,可以创造更多就业机会。

二、FDI 影响就业的实证研究

在国外,有关 FDI 影响就业的实证研究比理论研究要丰富很多,大致可以分为三类。

一类通过分析 FDI 对东道国工资水平的影响来分析就业。Zhao (1998)[10]从行业内劳动管理契约的角度分析,认为 FDI 将减少行业内已定工资,降低竞争性工资水平,减少工会就业人数。Almeida(2007)[11]则认为 FDI 的流入与当地企业和工人的特征(例如教育、工资水平)有关,外资选择国内企业为合作对象时,一般以其是否具有与外企本身相似的管理结构为条件,并不会对当地平均工资水平、人力资本和就业产生影响。相反,有一部分学者认为 FDI 将提高东道国实际工资或相对工资水平(Figlio 和 Blonigen,2000[12];Wu,2000[13];Zhao,2001[14];Lipsey,2002[15];Lipsey 和 Sjoholm,2004[16];Onaran、Stockhammer、Bohle 和 Greskovits,2005[17])。Wu(2000)建立了 FDI 与产品多样化的一般均衡贸易模型,分析表明开放的贸易和投资环境能提升中国的技术水平,改进劳动技能,增强本土企业在国际市场上的竞争力,提高熟练劳动对非熟练劳动的相对工资,促进熟练劳动力就业。Lipsey

(2002)认为尽管 FDI 未必会导致本地企业工资的提高,但它通常会使东道国整体工资水平上升,进而影响就业。Onaran、Stockhammer、Bohle 和 Greskovits(2005)采用中东欧国家面板数据进行研究,结果表明即使降低工资水平也没有造成国内劳动力需求的增加,同时劳动生产率的提高是建立在裁员的基础之上。

　　另一类是研究发达国家对外投资对母国或其他地区就业市场的影响。一些学者对发达国家对外投资与母国就业效应间的关系进行研究发现,发达国家投资到发达国家将有利于母国就业,而投资到发展中国家则不利于母国就业(Blomstrom、Fors 和 Lipsey,1997[18];Harrison 和 McMillan,2006[19];Federico 和 Minerva,2005[20])。Blomstrom 等(1997)将美国和瑞士的对外投资进行对比,发现美国跨国公司更倾向于将劳动密集型产品生产投资到发展中国家,导致国内就业的减少。相反,瑞士跨国公司更倾向于投资到高收入国家,这为本国创造了就业机会,尤其是蓝领工人的就业量得到较大提高。Harrison 和 McMillan(2006)采用 1977~1999 年美国企业层面数据,再次对此做出验证,并指出,美国就业量的下降不仅与跨国公司的对外投资有关,还与进口的竞争、技术的进步相关。Federico 和 Minerva(2005)采用 1996~2001 年意大利 12 个制造业行业的数据,得出了相同结论。也有一些学者对发达国家对外投资与其他地区就业效应间的关系进行了研究(Braconier 和 Ekholm,2001[21])。Braconier 和 Ekholm(2001)研究了瑞典跨国公司在中东欧的投资对其他地区分公司就业产生的影响。结果表明,中东欧 FDI 的扩张导致设立在低收入南欧国家的分公司就业严重下降,导致设立在瑞典与高收入西欧国家的分公司就业轻度下降。此外,南欧分公司的就业对工资的变化变得异常敏感。

　　第三类是研究 FDI 对发展中国家就业市场的影响。Williams(2003)[22]认为 FDI 对东道国就业的影响因外资进入的模式、东道国吸引 FDI 的补贴类型、母公司所在国的国籍不同而不同。他明确指出绿地投资比并购更能促进东道国就业,附加功能多的补贴政策也更能促进就业。一种观点认为,FDI 能显著促进东道国就业(Spar,1996[23];Hale 和 Long,2006[24];Cheng 和 He[25])。Spar(1996)对印度尼西亚的实证研究表明,FDI 可通过影响印尼的政治环境进而影响其劳动环境。Hale 和 Long(2006)以中国为例指出,由于民企拥有弹性工资制度和管理制度,FDI 对其具有积极作用,将促进民企就业的增加,而 FDI 对国企的影响恰恰相反。Cheng 和 He 采用 1984~2004 年数据,利用误差修正模型和因果检验法验证了FDI对中国的短期就业和长期就业都有着显著的促进作用。另一种观点认为,FDI不利于东道国就业。Jenkins(2006)[26]在FDI与越南就业的实证研究中表明,尽管外资企业在行业的产出与出口中占很大比重,但外资的直接就业效应并不明显,这主要是因为外资的高劳动效率与产出的低附加值。另外,由于FDI对国内投资的挤出效应,导致FDI的间接就业效应为负。

在国内,王燕飞等(2006)[27]和丁明智(2005)[28]都从三次产业角度,测出FDI对就业的影响为正,然而前者发现FDI有利于第二产业就业及促进就业人口非农化,但其对第三产业就业的影响不足,后者却认为FDI在第三产业的就业效应显著。王剑(2005)[29]在生产函数的基础上建立联立方程模型,全面测算了FDI对中国就业的直接拉动效应,以及通过挤出国内投资和提升生产率水平对国内就业产生的间接抑制效应,得出拉动效应大于抑制效应的结论。得到正面效应结论的研究还有很多,如田素华(2004)[30]、吴国新等(2005)[31]、朱金生(2005)[32]、崔到陵等(2006)[33]等。这些研究侧重点各异,但总体上对于FDI促进就业持乐观态度。薛敬孝和韩燕(2006)[34]对服务业FDI与就业之间关系的研究得出,服务业FDI的流入能够提高服务业劳动生产率,但对其就业量的影响为负。认为FDI对就业没有影响或影响为负的研究还有许多,如王小平(2005)[35]等。相对于FDI就业效应的已有研究,本书的特点在于:把研究重点集中在正快速发展的服务业,考虑服务业的行业特点和引资特点,对服务业FDI对服务业就业的影响渠道进行详细分析;采用服务业行业面板数据,针对服务业FDI与服务业就业间的关系进行研究;在实证研究中,将服务业FDI与服务业国内投资进行比较分析。

第二节　外商直接投资对农业剩余
劳动力部门间转移的影响

一、引　言

改革开放以来,随着我国经济的高速增长,劳动力不断地从农业部门向工业部门再配置,农业就业份额从1981年的68.1%下降到2005年的44.8%(中国统计年鉴,2006)。与此同时,我国利用外商直接投资额从1981年的6.26亿美元增加到2005年的603.25亿美元。那么作为工业化外部动力源的 FDI 究竟如何促进农业剩余劳动力的转移? 这是否能够得到相关数据的支持? 上述问题的回答对于加快我国农业剩余劳动力的有序转移有重要意义。

有关外资对农业剩余劳动力部门间转移的研究不多,一种观点认为 FDI 的综合就业效应是正的,其能够促进二元经济转型与劳动力转移(蔡昉、王德文,2004[36];任志成,2006[37])。由于 FDI 在我国区域投资的倾斜带来非农就业机会的转移(朱金生,2005[38];王燕飞、曾国平,2006[39]),特别是在劳动密集型产业的投入,为几亿农村剩余劳动力提供良好的就业机会(陈昼,2001[40])。

以上研究大多是从理论角度进行分析,实证研究较少。本节运用拉尼斯—费模型分析 FDI 影响农业剩余劳动力部门间转移的机制,并在此基础之上运用省级面板数据进行实证检验。

二、FDI 促进农业剩余劳动力转移的机制分析

拉尼斯—费模型认为成功增长的劳动力剩余经济会出现劳动力从农业部门向工业部门不断地再配置,工业部门资本存量成为经济增长的主要限制条件,并在一定程度上决定着农业剩余劳动力转移的规模和速度,而外国资本和资本品的使用,加快了工业部门资本积累的速度(费景汉、拉尼斯,2004[41])。我国是典型的劳动力剩余经济,FDI 的资本积累效应对吸纳农业剩余劳动力的效果将更加明显,这种效应可以分为直接和间接两种。

直接效应是 FDI 通过为工业部门注入资金,资本积累的速度加快,从而促进农业剩余劳动力的非农转移。这一效应可以用拉尼斯—费劳动力吸收等式表示为:$\eta_L = \eta_K + \dfrac{B_L + J}{\in LL} - \dfrac{\eta_\omega}{\in LL}$,式中,$\eta_L$ 为工业部门吸收劳动力的增长率,η_K 为工业资本积累的增长率、J 为工业创新强度、B_L 为工业创新的劳力使用偏向、η_ω 为工资的增长率、$\in LL$ 为收益递减规律的强度。当除资本积累增长率之外,其他的影响因素都不发生变化的条件下,工业部门剩余劳动力的吸纳能力取决于资本积累增长率,而 FDI 可以为工业部门提供资本的额外来源,新增加的投资按照比较优势从事生产,随着生产规模的扩大,劳动力的吸纳能力将进一步增强。

间接效应是 FDI 可以提高工人的收入,这些收入通过资本市场,连同工业部门的自身利润一起成为其可以使用的资本。将拉—费的劳动力吸纳等式变

形为：$\eta_\omega = \in LL(\eta_K - \eta_L) + B_L + J$，该式的含义是工资的增长率取决于收益递减规矩的强度（$\in LL$）、资本深化（$\eta_K - \eta_L$）、工业创新的劳力使用偏向（B_L）和工业创新强度（J）。同样在除资本积累速度以外的因素都不变的条件下，工资的增长率取决于资本积累速度，而 FDI 的进入促使资本积累加速，工资上涨，工人的可支配收入增加，工业部门通过资本市场可以获得的资本增多，这些资本在生产中可以吸纳更多的农业剩余劳动力。

三、经验分析和结果

（一）模型的设定

机制分析表明 FDI 影响我国农业剩余劳动力的非农业转移，由于影响农业剩余劳动力转移的因素很多，为了准确衡量 FDI 对农业剩余劳动力转移的影响，必须加入其他重要的影响因素。而有关农业剩余劳动力的研究大多从个人效用最大化角度进行分析，收入差距则成为农业剩余劳动力转移的主要原因（托达罗，1965[42]；王格玮，2004[43]；程名望等，2006[44]）。同时，转入地区的非农业人口数量越多，相应生产和服务的工作机会就越多，那么农业剩余劳动力就越容易找到工作（R Butzer, Y Mundlak, DF Larson, 2003[45]）。基于此，本章加入相对收入和相对人口两个解释变量。另外，为了从横向与纵向两个方面进行研究，采用面板数据（panel data）模型，相应的计量模型如下①：

$$m_{it} = \alpha_i + \beta_1 \ln(FDI_{it-1}) + \beta_2 \ln(RI_{it-1}) + \beta_3 \ln(RL_{it-1}) + \mu_{it} \quad (4.1)$$

其中：m 是农业剩余劳动力转移的增长率；FDI 是外商直接投资额；RI 是相对收入比；RL 是相对人口比，下标 i 是省份，t 是年份。α_i 代表截面单元的个体特性，β_i（i = 1, 2, …, 6）是待估参数，随机误差项 μ_{it} 相互独立，且满足零均值、等方差。相对只利用截面数据或只利用时间序列数据进行分析而言，面板数据具有许多优点。第一，它建立在大样本的基础之上，增加了自由度并减少了解释变量之间的共线性，从而改进了计量估计的有效性；第二，截面变量和时间变量的结合信息能够显著地减少缺省变量所带来的问题；第三，面板数据模型能同时反映研究对象在时间和截面单元两个方向上的变化规律及不同时

---

① R Butzer, Y Mundlak, DF Larson(2003)在考察东南亚地区（包括印度尼西亚、泰国和菲律宾）各国内部劳动力的部门间转移时采用了形如(4.1)的表达式，这里借鉴了 R Butzer, Y Mundlak, DF Larson 这一建模思路。

间、不同单元的特性。

(二)数据及变量的说明

样本时间范围为 1995～2005 年,同时考虑到由于制度的不同将带来研究结果的差异,所以没有考虑香港、澳门经济特区和台湾省;另外,外商直接投资的大部分统计数据缺乏和数据时间范围的限制,研究中去除了西藏自治区、海南省、新设立不久的重庆市,本章研究 28 个省、自治区和直辖市。

1995～2003 年全国各地区的外商直接投资数据来自《中国统计年鉴》各期;2004～2005 年数据来自商务部网站。1995～1998 年各省、市、自治区农业非农业人口数据来源于《新中国五十年统计资料汇编》,1999～2005 年来源于《中国人口统计年鉴》各期。国内生产总值、国内生产总值指数、人民币对美元中间汇率等数据如无特殊说明,1995 年至 1998 年数据均取自《新中国五十年统计资料汇编》,1999 年至 2005 年数据则取自《中国统计年鉴》各期。

被解释变量 m 的计算公式为:$m_t = M_t / L_{At-1}$,其中 M_t 为转移的农业剩余劳动力,采用在出生率和死亡率给定的条件下,劳动力从农业部门向非农业部门转移的数量表示。假设在没有转移的情况下,农业部门人口增长率与总人口增长率相同。用公式表示如下:$M_t = [L_{At-1} * (1 + n_t)] - L_{At}$,$L_{At-1}$ 和 L_A 分别为上年和本年的农业劳动力;n_t 为总人口增长率。外商直接投资(FDI)使用各年度人民币对美元平均汇价进行折算,同时经过 GDP 平减指数折算为 1990 年不变价,以消除物价因素的影响。相对收入比(RI)用非农业人均 GDP 与农业人均 GDP 的比值代表,非农业和农业的人均 GDP 用各省(区)市样本期国内生产总值指数平减,得到 1990 年不变价 GDP,剔除物价因素。相对人口比(RL)用非农业人口与农业人口之比表示。

(三)经验分析及结果

首先利用全国 28 个省(区)市数据对(4.1)式进行回归,回归结果如下:

从 1995～2005 年的回归结果来看,无论是 pool、固定效应还是随机效应,FDI 的滞后一期对本期农业剩余劳动力的转移影响为正,且通过显著性检验,这个分析结果与任志成(2006)的分析一致。用 pool 回归来分析,FDI 每变动一个百分点,农业剩余劳动力的转移变动 0.0013 个百分点。相对收入和相对人口比对农业剩余劳动力转移的作用均为正,这与预期的符号相同。相对收入每变动一个百分点,农业剩余劳动力的转移变动 0.011 个百分点。相对人口比每变动一个百分点,农业剩余劳动力的转移变动 0.012 个百分点。相对人口和相对收入对农业剩余劳动力转移的作用大于外商直接投资。从 1995 ~ 1999 年的回归结果来看,FDI 对农业剩余劳动力转移的影响为正,但没有通过显著性检验,而 2000 ~ 2005 年的回归结果表明滞后一期的 FDI 对本期农业剩余劳动力转移的影响为正,并且通过显著性检验。不同时间段的回归表明,近年 FDI 对农业剩余劳动力产业间转移的作用强于 20 世纪 90 年代中期。

表 4—1　全国不同时期面板数据回归结果

时期	回归模型	常数	lnFDI(−1)	lnRI(−1)	LnRL(−1)	样本数	F 值
1995 ~ 2005	Pool	− 0. 8307 * * (− 2. 0364)	0. 1339 * * (2. 1937)	1. 0717 * (4. 1878)	1. 2171 * (4. 1878)	305	24. 02 *
	固定效应	− 0. 5985 (− 0. 2381)	0. 3242 * * * (1. 9217)	1. 3538 * * * (1. 8206)	2. 9710 * (2. 7697)	305	4. 06 *
	随机效应	− 0. 9961 * * * (− 1. 8411)	0. 1345 * * * (1. 7743)	1. 1546 * (4. 5584)	1. 2716 * (3. 5088)	305	17. 99 *
1995 ~ 1999	Pool	0. 1613 (− 0. 8008)	0. 0318 (1. 4624)	0. 5360 * (5. 5482)	0. 5656 * (9. 2559)	139	41. 37 *
	固定效应	1. 3862 (− 1. 002)	0. 0450 (0. 4486)	0. 0973 (0. 2428)	− 1. 7302 * * (− 2. 1727)	139	10. 47 *
	随机效应	− 0. 0305 (− 0. 0985)	0. 0391 (1. 2021)	0. 4527 * (3. 1057)	0. 5189 * (5. 4220)	139	13. 59 *
2000 ~ 2005	Pool	− 0. 4832 (− 0. 3762)	0. 2906 * * (2. 0799)	0. 9185 * * * (1. 6843)	1. 4609 * (4. 2990)	166	13. 42 *
	固定效应	0. 5808 (0. 4500)	0. 2962 * (2. 8812)	0. 3012 (0. 8162)	0. 7759 (1. 0781)	166	3. 28 *
	随机效应	− 0. 5606 (− 0. 3949)	0. 3033 * * * (1. 9470)	0. 9272 (1. 5528)	1. 4448 * (3. 7747)	166	10. 66 *

注:小括号中数值是单个解释变量的 t 统计量:* 、* * 、* * * 分别代表 1% 、5% 、10% 的显著水平,由软件 Eviews5. 0 给出。

　　再把全国分为东、中、西三大经济区域①,相应的回归结果如下:
　　以 pool 回归来比较分析东、中、西三大地区的 FDI 对农业剩余劳动力转

---

① 其中,东部地区包括北京、天津、河北、辽宁、上海、江苏、浙江、福建、山东和广东;中部地区包括:山西、吉林、黑龙江、安徽、江西、河南、湖北和湖南;西部地区包括:内蒙古、广西、四川、贵州、陕西、甘肃、宁夏、新疆、云南和青海。

移的不同影响。东部地区上期 FDI 每增长一个百分点,本期农业剩余劳动力的转移增加 0.007 个百分点;中部地区上期 FDI 每增长一个百分点,本期农业剩余劳动力的转移增加 0.006 个百分点;西部地区上期 FDI 每增长一个百分点,本期农业剩余劳动力的转移增加 0.0008 个百分点,而且这三个系数全部通过显著性检验。固定效应模型和随机效应模型也反映了相同的趋势,滞后一期 FDI 对农业剩余劳动力转移的影响基本上呈现由东向西的逐渐缩小。

表 4—2　东、中、西部三大地区的面板回归结果

地区	回归模型	常数	lnFDI(−1)	lnRI(−1)	LnRL(−1)	样本数	F 值
东部	Pool	−4.7243* (4.5106)	0.7030* (3.5283)	1.1407* (3.7585)	0.7990* (3.0168)	110	5.55*
	固定效应	0.7164 (0.6525)	0.3504* (2.6939)	0.2211 (1.2680)	2.1549** (2.0961)	110	3.03*
	随即效应	−8.1601* (−3.0648)	1.0244* (2.9982)	2.1468* (2.7285)	1.5358* (3.1245)	110	7.69*
中部	Pool	−2.2001* (−2.5124)	0.6290* (3.4403)	0.8367* (2.6076)	0.9003* (2.7777)	88	5.28*
	固定效应	6.3416*** (1.8613)	0.1828 (0.6285)	−0.5725 (−0.7327)	4.7031* (2.9130)	88	2.78*
	随即效应	2.2001* (−2.5742)	0.6290* (3.5249)	0.8367* (2.6717)	0.9003* (2.8461)	88	5.28*
西部	Pool	0.9464* (2.9685)	0.0856* (2.4986)	0.2819*** (1.7516)	0.9022* (5.2858)	107	14.6*
	固定效应	1.3960 (1.1847)	0.1556** (2.1458)	0.3262 (0.9686)	1.3911* (3.1107)	107	9.76*
	随即效应	0.8307 (1.1495)	0.1155* (3.300)	0.5696** (2.2668)	1.3746* (3.2986)	107	4.36*

注:小括号中数值是单个解释变量的 t 统计量:*、**、***分别代表 1%、5%、10% 的显著水平,由软件 Eviews5.0 给出。

由上述回归结果可以看到不同地区外商直接投资对其地区农业剩余劳动力转移的影响不同,这可能是由于劳动力的实际价格和 FDI 的地区分布特点等共同作用的结果。蔡昉、王德文(2004)利用东、中、西三大地区工资水平超过劳动边际生产力的程度和地区间相对边际生产力与相对工资,分析表明真正具有劳动力廉价比较优势的不是中西部地区,而是东部地区。加上东部地区由于独特的地理优势和优惠政策的影响,吸引了大量的外商直接投资,其占

全国 FDI 比重持续处于高位,这在一定程度上增强了东部地区的产业集聚,而其内部存在的与跨区域流动的中西部地区农业剩余劳动力,正好满足了外资企业对劳动力的需求,并且保持着东部地区制造业的比较优势。

四、小　　结

农业剩余劳动力的产业间转移一直是众多学者关注的焦点。本节从理论方面研究了 FDI 对农业剩余劳动力部门间转移的影响,并运用省级面板数据进行了实证检验,得出如下结论:

第一,FDI 对农业剩余劳动力产业间转移的影响为正,相对人口和相对收入对农业剩余劳动力转移的作用大于外商直接投资。

第二,不同时间段的回归表明,近年 FDI 对农业剩余劳动力产业间转移的作用强于 20 世纪 90 年代中期。

第三,不同地区外商直接投资对其地区农业剩余劳动力转移的影响不同,这一影响基本上呈现由东向西的逐渐缩小。

基于以上结论,我国在吸引外资时,应注意利用好农业剩余劳动力丰裕的特点,并正确评价外资主导下的制造业,发挥制造业对农业剩余劳动力转移的重要作用。同时引导劳动密集型的外商投资企业向中、西部转移,为农业剩余劳动力产业间转移创造更多的承载主体。

第三节　外商直接投资对服务业就业的影响

一、引　　言

发达国家的经验表明,当经济发展到一定阶段,服务业在整个国民经济中所占的比重会逐步增加,吸纳的就业量也将远远超过第一产业和第二产业。从我国三次产业吸纳就业的情况来看,改革开放以来,农业吸纳的就业人数持续下降,第二产业和服务业吸纳的就业人数稳定上升,1994 年以后,服务业吸纳就业的人数超过第二产业,逐步成为吸纳新增就业与剩余劳动力转移的主要渠道。与此同时,我国吸引 FDI 的增长迅速,1994 年我国实际利用 FDI 额达 1945.6 亿元,同比增长 28.2%,1995 年以后,我国实际利用 FDI 额均维持在 3000 亿元以上,逐步成为发展中国家和地区最大的外商直接投资东道国,并于 2003 年超过美国成为世界第一大外商直接投资输入国。外商在我国投资的量的提高和面的扩大，提出了增加劳动力需求的客观要求，越来越多的劳动力被吸引到外资企业。那么，FDI 的流入对促进我国服务业吸纳就业能力的增强有何影响？又是通过什么渠道来实现这些影响的？这个机制是否能得到相关数据的支持？上述问题的回答对于解决国内就业问题，加快服务业就业比重的提升有重要意义。

二、外商直接投资影响服务业就业的机制分析

外商直接投资对服务业就业的影响，可分为就业创造、就业转移和就业替代，即外资的流入可直接或间接地创造了新的服务就业岗位；可通过组建合资、合作企业，购并内资企业，使原来内资企业的劳动力转移到外资企业，或通过促进服务业的发展，使劳动力向服务业转移；可加剧国内服务业市场的竞争程度，导致部分服务企业破产或裁员，增加失业，又可产生管理、技术的更新失业。外商直接投资对服务业就业的影响，则取决于正负两方面效应的比较。

从外商直接投资对服务业就业的影响渠道上看，则可以分为"直接效应"和"间接效应"。前者是指外商直接投资可以作为资本要素直接导致服务业就业人数的增减，后者是指外商直接投资可以通过影响"经济增长"、"国内资本"与"技术进步"来间接影响服务业就业。外商直接投资影响服务业就业的直接效应和间接效应可用图 4—1 来概括。外商直接投资作为"资本"这一要素对服务业就业的直接就业效应由 1 表示，外商直接投资所影响的国内资本、技术进步与经济增长分别由 2、4、6 表示，它们是外商直接投资间接就业效应的三种主要传导渠道。

（一）外商直接投资的直接就业效应

外商直接投资对东道国直接就业效应的影响主要取决于以下几个因素：

第一，外商直接投资进入的方式。通常外商直接投资进入东道国有两种方式：一种是绿地投资（新设投资），即通过新设的方式建立中外合资企业或者外商独资企业；另一种是并购，即兼并或收购东道国现有的企业。绿地投资在短期内通常会吸收大量的劳动力。首先，出于成本的考虑，外商投资企业一般除了设置少量本国专业人才和管理人员以外，主要是在投资地招募人员，大量雇用当地的普通劳动力。其次，绿地投资可以创造非正常就业，如在大规模

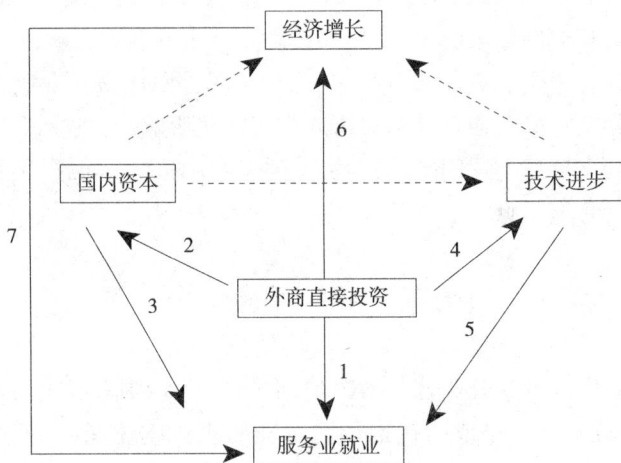

图4—1　外商直接投资影响服务业就业的作用机制

的公司厂房的建设中,可以提供大量的短期就业;通过关联效应促进国内供应
商和分销商就业的增加。但在长期内,绿地投资有可能加剧国内市场的竞争
而导致失业的产生。当外资以并购方式进入时,在很多情况下都会产生就业
替代效应。比如我国零售行业,20世纪90年代初期,在电脑化管理等方面同
国际大型零售巨头有很大差距,当国外零售企业收购或者兼并国内零售企业
之后,为了加强管理、提高效率和降低成本,这些企业往往会引进先进的自动
化管理设备和软件系统,在增加少数高级管理岗位的同时大量减少一般性工
作岗位。但这并不表示并购的投资方式一定会出现减少就业的局面。如果被
并购的企业是濒临倒闭的,或者被并购企业的雇员拥有有价值的技能和能力,
或者并购的目的是为了控制某个已经运行良好的销售网络,那么并购行为是
能够保留就业的。如果并购以后的重组和整合是成功的,那么远期内会提供
更多的就业机会。

　　第二,外商直接投资进入的规模。当外资进入的是同等劳动密集度的行
业,外资投入的规模越大,所雇佣的员工人数越多,所产生的直接就业效应将
越大。从服务业外资来看,尽管我国服务业实际利用外资额有了大幅度的提
高,但其比重仍然偏低,且波动幅度偏大。自1994年以来,服务业外资所占比
重均维持在50%以下,最低时仅为20.2%。

　　第三,外商直接投资进入的动机。外商直接投资进入东道国的动机主要
有资源获取型、利润重心型、生产基地型、市场开拓型、知识提取型和风险分散

型。投资动机不同,其对就业的影响也不同。赵景华[①]基于问卷调查基础上的分析发现,生产基地型和市场开拓型的动机占在华投资动机的95%。生产基地型的外商直接投资看重的是中国大量的廉价劳动力,因而对就业的积极影响表现在吸收了大量从农村转移出来的无技术或低技术劳动力。市场开拓型的外商直接投资看重的是中国巨大的市场需求,为了占领国内市场,必然导致内资企业的收缩,继而大量员工失业。另一方面,市场开拓型的外商直接投资在其研发和管理方面需要高素质的人才,在其生产制造过程中需要有技术的工人,对无技术的劳动力需求大大减少。

第四,外商直接投资进入的行业。如果外资进入劳动密集型行业,则可吸纳较多的劳动力,直接的劳动创造效应也较大。如果规模较大且目标行业为劳动密集型,理论上而言,若不考虑外资对当地企业的冲击而造成的影响,这种投资将有助于东道国就业。如果外资进入的行业为资本密集型或技术与人力密集型,则直接创造就业的效应就会小很多。因此,理论上外资流入到传统服务业部门将比流入到现代服务业部门的直接就业创造效应大很多。

从动态角度来看,如果外资进入的行业的劳动密集度发生变化,那么外资的就业创造效应也将随着变化。从我国服务业外资流入的行业分布来看,在改革开放的初期,服务业引进外资的主要是劳动密集型产业,国外企业希望利用中国廉价的劳动力获得成本优势而进行投资。但是从20世纪90年代开始,许多资本密集型或者技术密集型服务行业也有大规模的外资流入,考虑到前面谈到的非劳动密集型行业外资流入中仍然有一些是劳动密集型项目,因此我国服务业外资的直接就业创造效应的减弱是一个缓慢的过程。

第五,外商直接投资流入项目的劳动密集度。从外资流入行业的劳动密集度来分析就业效应需要重视另一种现象,那就是在资本或技术密集型的服务行业中,也有很多企业是通过外资方式向劳动力成本低廉的发展中国家输出使用劳动力相对使用比较多的工序或环节,即“非劳动密集型行业中的劳动密集型项目”。例如,金融行业总体上来说并非劳动密集型行业,而是资本密集型行业,但是目前很多国际金融机构把数据处理中心、客户服务中心、呼叫中心等从香港搬迁到广东等地,以利用当地廉价的劳动力资源。外资流入到这种投资项目,将会有比较大的直接就业创造效应。

---

① 赵景华:《跨国公司在华子公司成长与发展战略的实证研究》,《管理世界》,2002年第10期。

第六,外商直接投资的进入模式。进入模式是外国投资者进入国外市场的重要战略决策问题,直接关系到外资企业的风险以及控制权和收益权分配。不同的外商直接投资进入模式吸纳劳动力的作用是不同的。从我国外商直接投资的四种模式:合资经营、合作经营、合作开发、独资经营来看,前三种方式对劳动力的吸纳能力要高于独资经营。因为对前三种方式的外方来说,由于中方的管制,首先在企业的追求目标上,其除了关心利润,还要考虑就业等非市场因素,而独资经营的外方则摆脱了这种束缚,为了获取最大的利润,不断提高技术水平和资本有机构成,从而导致大量的失业;其次合资企业在与内资企业的关系上,会更多地加强与内资企业合作,尽可能多地从内资企业获得相应的配套服务和采购中间产品,从而促进了内资企业的就业,独资经营的外方则会在全球范围内选择其配套服务和中间产品的供应商,而不一定是内资企业。

(二)外商直接投资、经济增长与服务业就业

外商直接投资通过带动我国经济增长进而对服务业就业数量产生影响是一个长期的过程。从理论上讲,外商直接投资对一国经济增长的促进作用主要表现为:弥补东道国的储蓄缺口和外汇缺口,增加社会投资,扩大资本存量;拉动进出口,促进对外贸易;通过产业的前向联系和后向联系以及企业间竞争带动国内投资;引入先进的生产技术和设备,科学的管理方式与组织架构,产生技术外溢,促进东道国技术进步;开发东道国人力资源,加速人力资本积累和质量提升;促进东道国产业间资源的重新配置,推动产业结构升级;推动产权制度、市场化程度和对外开放程度等制度因素变迁。这些影响可以归为资本形成效应、贸易创造效应、产业联系效应、技术溢出效应、产业结构变动效应和制度变迁效应。其中前三种效应能够用宏观经济变量或指标来描述,对经济增长有直接贡献,因此属于外商直接投资的直接效应,反映 FDI 的资本特性。后三种效应属于外商直接投资的间接效应,它们不以宏观经济变量或指标的形式反映,但能够通过间接途径推动经济增长,反映的是 FDI 的外溢特性,即作为多种生产要素的总体转移,除了影响东道国资本和劳动力因素之外,还会影响其他能够促进经济增长的因素,从而使该国全要素生产率提高,推动经济增长。

经济的增长一方面会带来国民收入水平的提高,另一方面会在促进总需求增加的同时导致需求结构的变动。20 世纪初期以来,英国和美国的经济增

长最快的产业,并不是有些经济学家在工业化中期所预言的工业,特别是重工业,而是服务业,特别是从事工农业产前、产中和产后服务的生产性服务业。服务业的发展,对于成本,尤其是其中的交易成本的降低起了至关重要的作用。这时工业和服务业融为一体,因此后工业化也被称为"服务业—工业化"。经验表明,越发达的现代化国家,服务业的发展越完善。可以从需求的角度出发来思考经济的增长带动服务业的发展的问题。恩格尔定律表明,对于一个国家或家庭来说,富裕程度越高,则"劣等品"支出的收入弹性就越小,反之,则越大。人类对产品的需求按先后顺序排列,首先应该是对农产品这种生存必需品的需求,其次是对工业制成品的需求,最后是对服务产品的需求。由恩格尔定律可知,随着经济的增长,收入水平的提高,人们对工业制成品的需求将不断下降,而对服务的需求将不断上升,偏向服务业的需求结构将促使服务业的高速发展。服务业的发展,将促进劳动力向服务业转移,吸纳新增劳动力,进而促使服务业就业的增加。

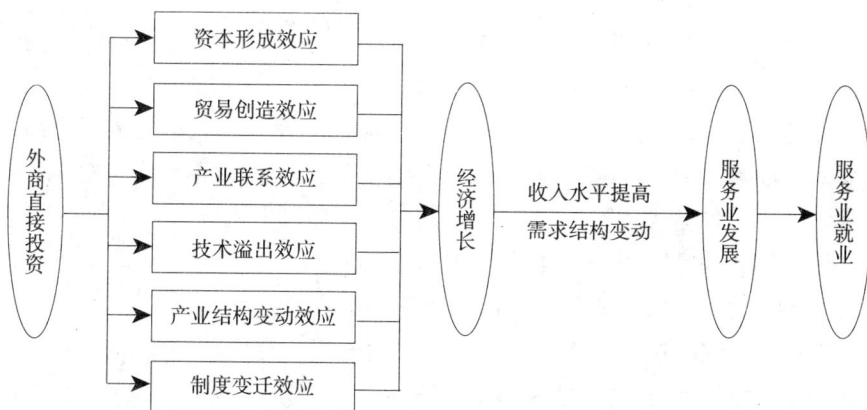

图4—2　外商直接投资、经济增长与服务业就业的作用机制

(三)外商直接投资、国内资本与服务业就业

外商直接投资对国内投资的影响有两种情况:如果外商直接投资增加引致的国内总投资的增加额超过外商直接投资本身增加额,则外商直接投资对国内投资产生"挤入效应";如果外商直接投资增加导致的国内总投资增加额小于外商直接投资的增加额,甚至出现国内总投资额减少,则外商直接投资对国内投资产生了"挤出效应"。外商直接投资对国内投资的"挤入效应"主要表现在以下几个方面:

第一,外商直接投资可为东道国企业创造新的投资机会,促进东道国国内投资。外资企业可以通过对东道国的当地采购和销售来带动其前向和后向产业的发展,从而促进这些行业的国内投资。特别是一些先进的制造行业,其自身的发展与其产业链节点上各企业的配套能力和发展水平密不可分。外资企业生产的商品销售主要定位于本地市场,由东道国当地厂商为跨国公司的子公司提供成品市场营销服务及其他各种服务,可以推动该行业一些前向产业的发展。同样,外资企业的后向关联效应也很明显。为了节省运费,降低生产成本,外资企业通常也选择在当地购买生产制造所需的各种原材料、能源。例如,摩托罗拉目前在国内采购原材料的比重可达到 58.15%。大型跨国公司都是生产全程化程度很高的公司,他们的进入不仅能够带动配套商来华投资,而且还可以带动国内零件商和配套商的发展。越来越多的跨国公司也正在或即将把更高附加值、更高技术含量的制造业进一步转移到我国。毫无疑问,如此大规模的外商直接投资将会给东道国相关产业创造新的投资机会,促进东道国国内投资的增加。

第二,外商直接投资可以促进东道国资本市场发育,改善投资环境,促进国内投资。外商直接投资从母国和国际资本市场带来了东道国市场中缺乏的但又非常急需的资金和技术,为国内投资者提供新投资项目所需的金融和实物资本。如果没有外资的参与,许多投资项目,尤其是那些需要大量资本和先进技术的项目将无法实施。此外,外商直接投资对国内机场、港口、电力设施、高速公路等基础设施的投资改善了我国国内投资环境,为国内投资既创造了硬件支持又提供了软件帮助,起到了补充和促进的作用。

第三,通过先进技术的"溢出效应",使国内产业升级,推动国内投资的增加。20 世纪 80 年代,外商直接投资主要集中在劳动力密集型行业,20 世纪 90 年代初转向资本密集型工业,近年来正转向技术密集型产业。全球主要的电子、电信、制药、石化和发电设备等企业已将其生产网络扩大到中国,并在华设立了近百家以招揽人才为主,面向高科技领域的研发中心。这表明外资正逐步把投资重点转向中国的高科技领域。通过 FDI 的技术溢出效应,我国许多企业获得了先进的技术,使国内企业实现了升级,例如汽车行业和无线设备通讯制造业,从而推动国内企业投资于那些高技术含量、高附加值产业,带动国内投资。

外商直接投资对国内投资的"挤出效应"主要表现在:一方面,外资企业与东道国企业相互竞争生产要素和产品市场。外资企业可能会与东道国企业之间相互竞争稀缺自然资源和金融资本等生产要素。很多情况下,外商直接投资企业其产品和国内差别不大,技术也不是最先进的。之所以来我国投资,除了因为我国经济发展潜力大,市场容量大,投资报酬率高以外主要是为了利用我国廉价的生产要素。因此会形成与国内企业对人才、熟练技工、进出口许可证、贷款等要素资源的争夺。同时,外商直接投资企业为了实现自身的发展,追求利润最大化,还会与国内企业争夺产品市场。例如,在手机制造业中,形成了摩托罗拉、诺基亚、爱立信、西门子、松下、三星等众多跨国公司之间的竞争局面,而国内品牌的手机占据很小的市场份额。另一方面,外商直接投资有可能产生行业垄断,抑制国内投资。跨国投资理论认为,跨国公司海外投资的目的之一,就是控制不同国家的企业,消除竞争,使自己处于有利地位,获取超额利润。他们凭借外商直接投资企业所拥有的如资金优势、技术开发和创新优势、名牌优势、产品差异优势、营销优势、人才优势等所有权特定优势,内部化优势以及在我国特定区位优势,容易形成行业垄断。一旦垄断形成,就会向消费者索取高价,损害国内生产者和消费者的利益,产生垄断利润,并且阻碍新投资者进入,从而抑制国内投资。

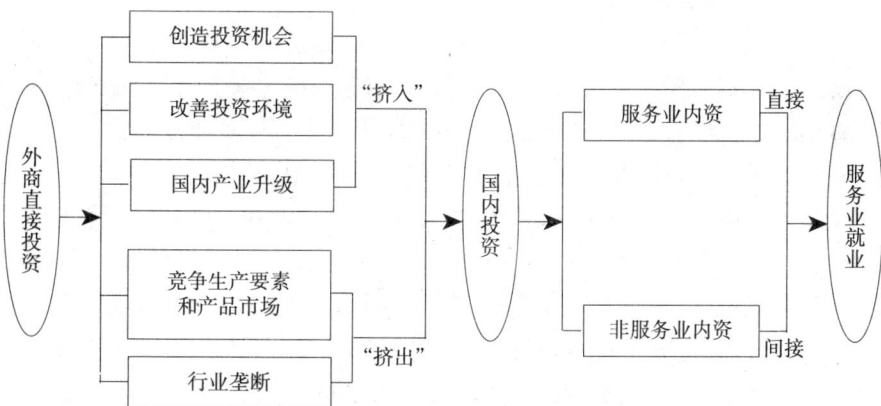

图4—3　外商直接投资、国内投资与服务业就业的作用机制

外商直接投资对国内投资的"挤入"、"挤出"也相应带来了对服务业就业数量不同的影响。在不同的行业,外商直接投资通过国内资本而影响服务业就业的情况不同。若外商直接投资本身进入的服务行业,服务产品的特性决定了其不可能像有形商品那样在国家间自由流动,因此它的对外直接投资往往只以东道国作为市场。当其对服务业内资发生上述的"挤入""挤出"效应

时,将直接对服务业就业产生积极或消极的影响。而当外商直接投资本身进入的不是服务行业时,"挤入"、"挤出"非服务行业内资所产生的服务业就业效应具有不同的特点。一方面,若外商直接投资进入的行业与服务业具有很强的产业关联性,例如,当其进入的是生产性服务业为之服务的部门,那么外商直接投资对该行业的国内投资所产生的"挤入"、"挤出"也将影响到与之密切相关的服务业部门的发展,从而间接地提高或降低服务业就业。外商直接投资通过诱发国内投资所间接创造的就业机会是比较大的。根据世界投资报告提供的资料,国际劳工组织对跨国公司国外分支机构的实证研究提出的不完全统计认为,根据不同产品情况,后向或前向联系所能创造的间接就业机会比直接就业机会还要高 2~3 倍。另一方面,若外商直接投资进入的行业与服务业不具有产业关联性,那么它对该行业国内投资所产生的"挤入"、"挤出"效应将对服务业部门的发展影响甚微,从而对服务业就业的影响很小。

从以上分析可以看出,外商直接投资通过对国内投资的"挤入""挤出"效应而影响服务业就业的情况是不同的,其影响结果是复杂而变化的。

(四)外商直接投资、技术进步与服务业就业

外商直接投资影响东道国技术进步主要通过以下四个渠道:

第一,示范—模仿效应。由于跨国公司与东道国企业之间存在技术差距,东道国企业可能通过学习、模仿其行为提高自身技术和生产力水平。跨国企业不仅将新设备、新产品或者新的加工方法引入国内市场,还带来了产品选择、销售策略以及管理理念等非物化技术,使当地企业在对外开放中了解国外的先进技术和管理经验。为了与跨国公司竞争,当地企业试图仿效其技术,它可以运用自己的技术实力,通过模仿获得跨国公司的技术,也可以通过引进技术消化吸收或通过雇用在跨国公司工作过的职员进行模仿。厂商获取技术知识的另一种途径是"逆向工程",即通过对产品的研究获取生产该产品的技术,这是一种重要的模仿手段。

第二,竞争效应。这一效应多发生于产业内各厂商之间。竞争效应一方面指跨国公司子公司与东道国企业争夺有限的市场资源,加大了市场竞争,刺激当地厂商更加有效地使用现有的资源,推动当地技术效率的提高;另一方面指在本来具有强大行业壁垒的产业,由于跨国公司的强行进入而在一定程度上消除垄断,社会福利水平得以提高。由于溢出促进当地企业技术进步,缩小了两地之间的技术差距,而跨国公司为在竞争中维护其技术比较优势,将继续

引进或开发新技术,从而导致新一轮的技术溢出与技术进步。当然,竞争效应也可能带来负面影响,例如由于跨国公司拥有先进的技术和管理经验,东道国企业可能没有能力与其竞争,这将导致当地企业的淘汰,而且跨国公司的进入可能通过其雄厚的资本和广泛的信息来源挖走当地企业的优秀人力资源,占用国内稀缺资源,造成国内企业生产能力的下降。

第三,联系效应。联系效应被视为一种产业间溢出,包括跨国公司在与当地企业或客户的交往中,与供应商等上游企业发生后向联系以及与销售商等下游企业发生前向联系。后向联系是指东道国企业向跨国公司的子公司提供生产所需的原材料、零部件和各种服务。通过后向联系,一方面使发展中东道国的资源得以有效配置,从而使上游产业的生产能力得以加强,进而提高生产效率;另一方面,跨国公司的子公司为了保证其产品的质量和竞争能力,通常会为供应商建立生产性设施、提供技术援助、信息咨询服务和管理上的培训服务,从而促进发展中东道国企业生产能力的改进和经营管理能力的提高。前向联系是指由东道国企业为跨国公司的子公司提供成品市场营销服务、半成品、零部件或原材料的再加工和各种服务。通过前向联系,使发展中东道国的企业提高产品质量和生产效率,从而对当地供销商和下游产业的技术水平的提高产生积极影响,并能促进相关技术向当地企业的转移以及东道国研究与开发产业的发展。例如,外商直接投资引进先进技术设备对东道国有关技术维修业务发展的促进也被认为是前向联系的表现之一。

第四,人力资本流动效应。发达国家的经验证实,国外资本所具有的竞争优势是无法脱离其人力资源而完全物化在设备和技术上的。因此,跨国公司海外投资项目的有效运转,往往和当地人力资源的开发结合在一起。如当地技术及管理人员和跨国公司总部派遣的专家一起工作;对当地人员进行培训;当地技术人员参与对技术、产品和工艺的改进工作甚至研发活动;高级管理人员了解、参与跨国公司全球网络的运作过程。人力资本的流动也是技术扩散乃至发生溢出的原因之一。这里的流动富有多层含义,既包括人力资本的有形转移,也包括人力资本的无形转移。跨国公司对当地雇员的培训是形成东道国技术的基础。这种培训面向各个层次:从最简单的生产性操作人员到监管人员,从高级技术人员到上层管理人员,几乎都有受培训机会。培训方式很多:既有现场指导,也有专家讨论会,甚至派往海外接受正规教育。显然,当雇员由跨国公司子公司流向其他企业或自创企业时,其在子公司所学的各种技能也随之外流,溢出随之发生。

当然,东道国技术进步受外商直接投资影响的程度因情况而异,这既有宏观环境中的不确定因素,又有微观环境中的不确定因素。宏观环境方面,包括东道国政府政策、外资准入方式的国际规则的约束、东道国包括知识产权在内的技术政策与法规等;微观环境方面,包括当地企业自身的技术吸收、消化和创新的能力,而企业的自身能力又受东道国人力资本、经济开放度、地区发展水平等因素的影响。

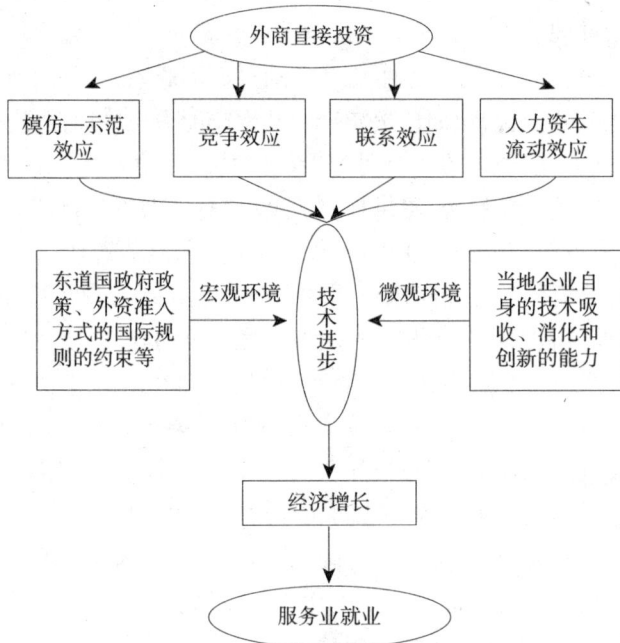

图4—4　外商直接投资、技术进步与服务业就业的作用机制

按照产业结构和就业流动规律,农业和制造业就业人口会慢慢随着生产效率的提高而转移到服务业,尽管近年来我国服务业就业人数明显增加,但仍不能消化庞大的失业人数。要解决失业问题,必须转变经济增长方式,让更多的技术因素来促进经济增长,从而推动服务业就业。经济增长理论的发展表明,通过技术进步来提高效率,比单纯依靠增加投资更能推动经济增长。现代经济学把先行工业化国家的近代经济发展分成三个阶段:在18世纪后期到19世纪后期工业化早期和中期,工业化的基本内容是用机器大工业生产代替农业和手工业的手工劳动,它要求资源密集型的重化工业以较之轻工业更快的速度增长。到工业化中期,重化工业在工业中所占份额已经与轻工业相当。传统工业化的一个突出特点,就是依靠大量投资发展重化工业来推动经济增长。但是到了工业化后期,即现代经济增长中,增长主要并不是靠投资拉动而是靠效率提高实现的,诺贝尔奖经济学得主索洛和库兹涅茨以翔实的材料证明了这一点。随着技术水平的提高,投资和收入水平相应增加,就会对服务业的发展提出新的要求,使某些劳动密集型的行业吸纳更多的劳动力来发展自己,这种需求和发展将随着技术进步而不断增加,这就是技术进步促进服务业迅速发展继而推动服务业就业的理论基础。同时,技术进步引发的劳动生产率提高也将不可避免地产生对劳动的替代作用,这就形成了在生产领域的高技术含量和在消费领域劳动密集的高劳动含量同时存在且共同发展的局面。

由此可见,外商直接投资与服务业就业的作用机制是复杂的,其直接或间接地对服务业就业产生影响是个长期的过程。

三、外商直接投资影响服务业就业的实证分析

(一)模型建立与变量选取

从生产理论角度出发,东道国服务业部门投入资本 K 和劳动 L 进行生产。假定资本要素在国际间可自由流动,而劳动力要素不可自由流动,那么资本可划分为国内资本 K_d 和国外资本 K_f,劳动力则全部来自东道国。此时,传统的 Cobb-Douglas 生产函数可表示为:

$$Y = AK_d^\alpha K_f^\beta L^\gamma \tag{4.2}$$

其中,Y 表示增加值,K_d 为国内资本投入,K_f 为国外资本投入,L 为劳动投入。按照索洛的观点,A 衡量了除资本、劳动要素之外的其他因素对经济增长的影响作用,即全要素生产率(TFP)。

上式两边同时取自然对数,得到:

$$LnY = LnA + \alpha LnK_d + \beta LnK_f + \gamma LnL \tag{4.3}$$

Ronald B. Davies and Annie Voy(2007)[46]在对 FDI 与雇佣童工关系的研究中设定了如下计量模型:

$$Child\ labor_i = \beta_0 + \beta_1 Ln(FDI_i) + \beta_2 Ln(GDP_i) + \varepsilon_i \tag{4.4}$$

为分析 FDI 的流入对服务业就业的影响,并考虑到变量间可能存在的非线性关系,本章对(4.4)式进行扩展,设定模型如下:

$$LnL_{it} = \beta_0 + \beta_1 LnY_{it} + \beta_2 LnINV_{it} + \beta_3 LnFDI_{it} + u_{it} \tag{4.5}$$

$$u_{it} = a_{it} + \varepsilon_{it} \tag{4.6}$$

其中,L 是服务业就业人数,Y 是增加值,INV 是国内投资额,FDI 是外商直接投资额,β_0 为常数项,$\beta_i(i=1,2,3)$ 是待估参数。$i=1,2,\cdots,N$,表示截面样本数,$t=1,2,\cdots,T$,表示时间样本数,对于特定的个体 i 而言,a_{it} 表示那些不随时间影响的因素,这些因素在多数情况下是无法直接观测或难以量化的,对这些"个体效应"的处理主要有两种方式:一种是视其为固定因素,适用的是固定效应模型;另一种是视其为随机因素,适用的是随机效应模型;而 Pooled OLS 模型则是忽略掉这种个体差异,把所有个体视为相同,即 a_{it} 为 0。

(二)数据来源与研究方法

本章所选的被解释变量服务业就业 L(单位:万人)的数据来源于 1998 ~ 2006 年《中国统计年鉴》,解释变量外商直接投资 FDI 和控制变量增加值 Y 及国内投资 INV 均来自各个省份的《统计年鉴》。文章采用的增加值 Y 是用支出法地区生产总值表示(单位:亿元),并将各省份当年的居民消费价格指数(1997 年 = 1)进行平减;国内投资 INV 是用全社会固定资产投资表示(单位:亿元),并将各省份当年的固定资产投资价格指数(1997 年 = 1)进行平减;外商直接投资 FDI 是用实际利用外商直接投资额来表示,并用各省份当年人民币兑换美元的汇率进行了换算(单位:亿元)。模型中各变量的含义及对应的描述性统计如表 4—3 所示。

表4—3　变量说明及描述性统计

变量	含义	符号	观测值	均值	标准差	最小值	最大值
被解释变量	服务业就业	L	270	602.3993	361.4049	54.1	1710.3
解释变量	外商直接投资	FDI	270	163.6099	248.9343	1.18	1307.95
控制变量	增加值	Y	270	4004.783	3445.956	208.1	22039.46
	国内投资	INV	270	1474.874	1334.938	88.1	7890.94

本章使用除西藏以外其余 30 个省份 1997 ~ 2005 年的面板数据,由于样本区间不长,仅采用时间序列分析的话,在引入多变量的情况下会出现回归结果不显著等问题;又由于我国幅员辽阔,地区间差异十分显著,采用全国性的综合数据,往往会掩盖这种十分显著的省际差异。如果采用横截面数据(通常选取某一年全国 31 个省份有关数据),虽然可以在一定程度上弥补时

间序列数据不能反映地区间的差别性的缺陷，但其只能静态地反映某一个时点的经济情况，而不能全面地动态地从一个时段上描述经济现象的变化态势。

　　Panel Data 模型是对不同时刻的截面个体作连续观测所得到的多维时间序列数据模型。面板数据既包括时间序列数据又包括横截面数据，提供了更多的样本数据和信息，为研究创造了有利的条件，使用面板数据的方法经过20 多年的发展与完善已经成为一种较为成熟的经济计量手段。时间序列数据考察了单个个体随时间推进的动态变化过程，但却难以反映个体之间的差异，而截面数据的特点正好与之相反，与传统的时间序列数据或截面数据分析方法相比，Panel Data 数据主要有以下两方面的优点：一是结合了时间序列数据和截面数据二者的优点，控制不可观测的个体异质性；二是弥补了样本点不足的缺点，包含的信息量更大，提供了更大的样本点，降低了变量之间共线性的可能性，增加了自由度和估计的有效性，从而有利于改善参数估计的有效性和更深入地分析问题。

（三）实证检验与分析

　　在对模型进行回归时，使用统计软件 STATA9.0。实证检验采用行业面板数据聚合效应（POOLED）、固定效应（FIXED）、随机效应（RANDOM）分析法。简单地说，聚合效应不区分截面的个体效应，固定效应将截面的个体效应视为不随时间改变的固定性因素，而随机效应则将个体效应视为可以随时间改变的随机性因素。具体分为三步：首先，分别估计聚合效应、固定效应模型和随机效应模型；其次，对计量结果进行 Wald 检验和 LM 检验；最后，通过Hausman 检验决定选取的是固定效应模型或是随机效应模型，若 Hausman 检验值为负，则说明 Hausman 检验失效，由于笔者的研究是就样本自身的条件进行推论，而非由样本推断总体效应，所以宜采用固定效应的面板模型（易丹辉，2002）[47]。虽然核心解释变量和控制变量之间存在一定的相互影响，但通过对核心解释变量和控制变量之间相关度的考察，发现它们之间的相关系数都在可以接受的范围之内，因而不会影响模型估计的准确性。

　　采用全国 30 个省份的样本数据对方程 4.5 进行回归，分别得到的 PooledOLS、固定效应和随机效应三种模型的结果如表 4—4 所示。在面板数据模型中，选择三种效应中的哪一种可以分别用 Wald 检验、LM 检验和 Hausman 检验来识别。如果 Wald 检验统计量通过 5% 的显著性水平，则表明固定效应优于聚合效应,如果 LM 检验统计量通过 5% 的显著性水平,则随机效应优于聚合效应,如果 Hausman 检验统计量通过 5% 的显著性水平,则固定效应优于随机效应。

表4—4 全国 30 个省份面板数据回归结果

变 量	POOLED	FIXED	RANDOM
$\ln Y$	1.480 *** (0.0797)	0.304 *** (0.0561)	0.465 *** (0.0579)
$\ln INV$	− 0.612 *** (0.0829)	0.01 (0.0431)	− 0.095 ** (0.045)
$\ln FDI$	− 0.147 *** (0.0170)	0.008 (0.0133)	0.018 (0.0141)
β_0	− 0.732 *** (0.1876)	3.65 *** (0.1911)	3.062 *** (0.2035)
Wald 检验统计量	140.55 ***		
LM 检验统计量	589.39 ***		
Hausman 检验统计量	727.36 ***		

注:*** 表示 1% 的显著性水平,** 表示 5% 的显著性水平,* 表示 10% 的显著性水平,括号内数字为标准差。

由表4—4 可以看出,无论在哪个模型中,Y 的符号都显著为正,而 FDI 与 INV 的符号因模型的不同而不同,这说明 GDP 的增加能显著地促进服务业就业的增长,即全国经济增长对服务业就业具有促进作用,而外商直接投资与国内投资对服务业就业的作用不定。根据 Wald 检验、LM 检验和 Hausman 检验的结果,全国 30 个省份面板数据的回归应选择固定效应模型。固定效应的回归结果表明:(1)外商直接投资的系数为正,但并没有通过显著性水平检验,这说明外商直接投资对服务业就业存在正向作用,但是效果并不显著。(2)国内生产总值的系数显著为正,通过了 1% 的显著性检验,说明经济增长对服务业就业具有明显的促进作用,且国内生产总值每增加 1%,服务业就业即增加 0.304%。(3)社会固定资产投资对服务业就业有正向影响,但是效果不显著。

采用东部 11 个省份的样本数据对方程 4.5 进行回归,分别得到的 Pooled OLS、固定效应和随机效应三种模型的结果如表4—5 所示。

表4—5　东部11个省份面板数据回归结果

变量	POOLED	FIXED	RANDOM
$\ln Y$	1.582 * * * (0.1423)	0.366 * * * (0.0868)	0.58 * * * (0.1103)
$\ln INV$	− 0.642 * * * (0.142)	− 0.093 (0.0845)	− 0.217 * * (0.1083)
$\ln FDI$	− 0.145 * * * (0.0443)	0.085 * * (0.0341)	0.091 * * (0.0433)
β_0	− 1.484 * * * (0.2686)	3.421 * * * (0.267)	2.49731 * * * (0.3339)
Wald 检验统计量	90.42 * * *		
LM 检验统计量	48.51 * * *		
Hausman 检验统计量	− 24.39		

注:＊＊＊表示1%的显著性水平,＊＊表示5%的显著性水平,＊表示10%的显著性水平,括号内数字为标准差。

　　根据 Wald 检验和 LM 检验的结果可知,应选择固定效应和随机效应模型,从这两种模型中可以看出,东部11个省份的国内生产总值和外商直接投资的系数显著为正,说明东部地区的经济增长和外商直接投资对东部地区服务业就业的增长具有显著的促进作用。同时也可看到,东部地区的国内社会固定资产投资的系数为负,但效果不定。进一步分析发现 Hausman 检验出现负值,说明 Hausman 检验失效,由于选取的时点数低于截面数,而且本章研究的是就样本自身的条件进行推论,而不是欲以样本对总体效应进行推断,所以适宜采用固定效应模型(易丹辉,2002)。固定效应的回归结果表明:(1)外商直接投资的系数显著为正,通过了5%的显著性检验,这说明外商直接投资对服务业就业存在显著正向作用,东部地区的外商直接投资每增加1%,其服务业就业即增加0.085%。(2)国内生产总值的系数显著为正,通过了1%的显著性检验,说明经济增长对服务业就业具有明显的促进作用,东部地区的国内生产总值每增加1%,其服务业就业即增加0.366%。(3)社会固定资产投资的系数为负,说明东部地区的国内投资对服务业就业有负作用,但其没有通过显著性检验,效果并不显著。

　　采用中部8个省份的样本数据对方程4.5进行回归,分别得到的 Pooled OLS、固定效应和随机效应三种模型的结果如表4—6所示。

表4—6　中部8个省份面板数据回归结果

变量	POOLED	FIXED	RANDOM
$\ln Y$	0.953 *** (0.2008)	0.129 (0.1026)	0.17 (0.1045)
$\ln INV$	−0.291 (0.1764)	0.011 (0.074)	−0.016 (0.0755)
$\ln FDI$	−0.028 (0.0539)	0.033 * (0.0184)	0.036 * (0.019)
β_0	0.893 (0.6322)	5.238 *** (0.3771)	5.079 *** (0.3962)
Wald 检验统计量	287.84 ***		
LM 检验统计量	181.99 ***		
Hausman 检验统计量	−5.22		

注：＊＊＊表示1%的显著性水平，＊＊表示5%的显著性水平，＊表示10%的显著性水平，括号内数字为标准差。

与东部地区情况类似，根据 Wald 检验、LM 检验和 Hausman 检验的结果可知，中部8省的面板数据回归宜选择固定效应模型。固定效应的回归结果表明：(1)外商直接投资的系数显著为正，通过了10%的显著性检验，说明外商直接投资对服务业就业存在显著正向作用，中部地区的外商直接投资每增加1%，其服务业就业即增加0.033%。(2)国内生产总值的系数为正，说明中部地区经济增长对服务业就业具有促进作用，但没有通过显著性检验，效果并不显著。(3)社会固定资产投资的系数为正，说明中部地区的国内投资对服务业就业有促进作用，但其没有通过显著性检验，效果亦不显著。

采用西部除西藏外等11个省份的样本数据对方程4.5进行回归，分别得到的 Pooled OLS、固定效应和随机效应三种模型的结果如表4—7所示。

表4—7　西部11个省份面板数据回归结果

变量	POOLED	FIXED	RANDOM
$\ln Y$	1.493 *** (0.1196)	0.444 *** (0.1038)	0.614 *** (0.1023)
$\ln INV$	−0.706 *** (0.1313)	0.003 (0.0701)	−0.102 (0.0701)

变量	POOLED	FIXED	RANDOM
ln*FDI*	0.02 (0.0302)	−0.029* (0.0163)	−0.023 (0.0173)
β_0	−0.577** (0.2587)	2.618*** (0.3453)	2.043*** (0.3549)
Wald 检验统计量	150.65***		
LM 检验统计量	296.28***		
Hausman 检验统计量	66.05***		

注: * * * 表示1%的显著性水平, * * 表示5%的显著性水平, * 表示10%的显著性水平,括号内数字为标准差。

　　根据 Wald 检验、LM 检验和 Hausman 检验的结果可知,应选择固定效应模型。固定效应的回归结果表明:(1)外商直接投资的系数显著为负,且通过了10%的显著性检验,这说明西部地区外商直接投资对服务业就业存在显著负作用,西部地区的外商直接投资每增加1%,其服务业就业即减少0.029%。(2)国内生产总值的系数显著为正,通过了1%的显著性检验,说明西部地区经济增长对服务业就业具有明显的促进作用,西部地区的国内生产总值每增加1%,其服务业就业即增加0.444%。(3)社会固定资产投资的系数为正,说明西部地区的国内投资对服务业就业有促进作用,但其没有通过显著性检验,效果并不显著。

(四)小结

　　根据上述对全国、东部、中部和西部的面板数据研究发现:第一,外商直接投资在东部和中部地区对服务业就业都为促进作用,且其在东部地区的影响效果比中部地区好,而在西部地区,外商直接投资对服务业就业的作用为负向作用。这说明在越发达的地区,外商直接投资对服务业就业的正向作用越明显,而在不发达的地区,外商直接投资对服务业就业具有反作用。第二,用全社会固定资产投资代表的国内投资对服务业就业的作用不明显。第三,国内生产总值,即经济的增长对服务业就业具有促进作用。

表4—8 省级面板数据分地区回归结果比较

变量	全国	东部	中部	西部
ln$Y$	0.304*** (0.0561)	0.366*** (0.0868)	0.129 (0.1026)	0.444*** (0.1038)
lnINV	0.01 (0.0431)	−0.093 (0.0845)	0.011 (0.074)	0.003 (0.0701)
lnFDI	0.008 (0.0133)	0.085** (0.0341)	0.033* (0.0184)	−0.029* (0.0163)

注:＊＊＊表示1%的显著性水平,＊＊表示5%的显著性水平,＊表示10%的显著性水平,括号内数字为标准差。

参 考 文 献

[1]Helpman, E. A Simple Theory of Trade with Multinational Corporations[J]. Journal of Political Economy 1984(92):451 –471.

[2]Markusen, James. Multinational Firms and the Theory of International Trade[Z]. MIT Press, Cambridge(2002).

[3]Helpman, E., M. Melitzand. Yeaple. Export Versus FDI with Heterogeneous Firms[J]. American Economic Review 2004, 94(1):300 –316.

[4]Markusen, Thomas F. Ruther ford, David Tarr. Foreign Direct Investment in Services and the Domestic Market for Expertise[Z]. 2000, NBER Working Paper No. 7700, JEL No. F13, F23.

[5]Joshua Aizenman. Volatility, employment and the patterns of FDI in emerging markets[J]. Journal of Development Economics 2003(72):585 – 601.

[6]Sebastian Claro. FDI and Labor Markets in General Equilibrium[Z]. 2005, NBER Working Paper.

[7]蔡昉、王德文:《外商直接投资与就业———一个人力资本分析框架》,《财经论丛》,2004年第1期。

[8]唐琳、张诚:《FDI对东道国就业的直接效应和间接效应———基于柯布-道格拉斯生产函数的分析》,《当代财经》,2006年第5期。

[9]李红、戴鸿:《吸引发达地区直接投资对欠发达地区就业水平的影响———一个基于行业的理论模型》,《金融与经济》,2006年第8期。

[10]LEX ZHAO. The Impact of Foreign Direct Investment on Wages and Employment[J]. Oxford Economic Papers, Vol. 50, April 1998.

[11]Rita Almeida. The labor market effects of foreign owned firms[J]. Journal of International Economics, 2007(72):75 –96.

[12]David N., Figlio and Bruce A. The Effects of Foreign Direct Investment on Local Communities[J]. Journal of Urban Economics, 2000(48):338 –363.

[13]XiaodongWU. Foreign direct investment, intellectual property rights and wage inequality in China[J]. China Economic Review 2000(11):361 –384.

[14]Yaohui ZHAO. Foreign Direct Investment and Relative Wages: The Case of China[J]. China

Economic Review, 2001(12):40 – 57.

[15] Robert E. Lipsey. Home and Host Country Effects of FDI[J]. 2002. NBER Working Paper No. 9293, JEL No. F21, F23, O01, O03, O04.

[16] Robert E. Lipsey and Fredrik Sjoholm. Foreign direct investment, education and wages in Indonesian manufacturing[J]. Journal of Development Economics 2004(73):415 – 422.

[17] Özlem Onaran, Engelbert Stockhammer, Dorothee Bohle, Béla Greskovits. The effect of FDI and foreign trade on sectoral wages and employment in the Central and Eastern European countries: A country specific panel data analysis[J]. Version 1. 2 September 2005.

[18] Magnus, Gunnar, Lipsey. Foreign Direct Investment and Employment: Home Country Experience in the United States and Sweden[J]. The Economic Journal, 1997(107):1787 – 1797.

[19] Ann, Harrison, Margaret S. McMillan. OUTSOURCING JOBS? MULTINATIONALS AND US EMPLOYMENT[Z]. 2006. NBER Working Paper 12372, JEL No. F16, J01.

[20] Stefano, Alfredo Minerva. Fear of Relocation? Assessing the Impact of Italy's FDI on Local Employment[Z]. CEPR Working Paper. 2005.

[21] Henrik Braconier and Karolina Ekholm. Foreign Direct Investment in Central and Eastern Europe: Employment Effects in the EU[Z]. CEPR Working Paper. 2001.

[22] David. Explaining employment changes in foreign manufacturing investment in the UK[J]. International Business Review 2003(12): 479 – 497.

[23] Debora Spar. Trade, Investment, and Labor: The Case of Indonesia[J]. The Columbia Journal of World Business, 1996:30 – 39.

[24] Galina Hale, Cheryl Long. FDI Spillovers and Firm Ownership in China: Labor Markets and Backward Linkages. Working Paper, 2006.

[25] CHENG Li-wei, LIANG He. Empirical Investigation of FDI Impact on China's Employment [J]. Management Science and Engineering, 2006. ICMSE ' 06. 2006 International Conference on, 2006: 1123 – 1127.

[26] Rhys. Globalization, FDI and employment in Viet Nam[J]. Transnational Corporations, 2006 (15):115 – 142.

[27] 王燕飞、曾国平:《FDI、就业结构及产业结构变迁》,《世界经济研究》,2006 年第 7 期。

[28] 丁明智:《外商直接投资的就业效应剖析》,《软科学》,2005 年第 3 期第 19 卷。

[29] 王剑:《外商直接投资对中国就业效应的测算》,《统计研究》,2005 年第 3 期。

[30] 田素华:《外资对上海就业效应的实证分析》,《财经研究》,2004 年第 3 期。

[31] 吴国新、李竹宁:《外商直接投资对上海劳动就业增长的实证分析》,《商业研究》,2005 年第 5 期。

[32] 朱金生:《FDI 与区域就业转移———一个新的分析框架》,《国际贸易问题》,2005 年第 6 期。

[33]崔到陵、任志成:《外国直接投资与中国人力资本成长的实证分析——以"长三角"为例》,《国际贸易问题》,2006 年第 3 期。

[34]薛敬孝、韩燕:《服务业 FDI 对我国就业的影响》,《南开学报》,2006 年第 2 期。

[35]王小平:《中国服务业利用外资的实证分析》,《财贸经济》,2005 年第 9 期。

[36]蔡昉、王德文:《外商直接投资与就业——一个人力资本分析框架》,《财经论丛》,2004 年第 1 期。

[37]任志成:《FDI 对中国二元经济转型与劳动力转移的影响》,《审计与经济研究》,2006 年第 1 期。

[38]朱金生:《FDI 与区域就业转移:一个新的分析框架》,《国际贸易问题》,2005 年第 6 期。

[39]王燕飞、曾国平:《FDI、就业结构及产业结构变迁》,《世界经济研究》,2006 年第 7 期。

[40]陈眶:《外商直接投资对我国劳动力就业的影响》,《人口与经济》,2001 年第 5 期。

[41]费景汉、古斯塔夫·拉妮斯:《增长和发展:演进观点》,商务印书馆 2004 年版,第 356 页。

[42]托达罗:《经济发展与第三世界》,中国经济出版社 1992 年版。

[43]王格玮:《地区间收入差距对农村劳动力迁移的影响》,《经济学季刊》,2004 年第 3 期。

[44]程名望、史清华、徐剑侠:《中国农村劳动力转移动因与障碍的一种解释》,《经济研究》,2006 年第 4 期。

[45]R Butzer, Y Mundlak, DF Larson. Intersectoral Migration in Southeast Asia: Evidence from Indonesia, Thailand, and the Philippines, World Bank Policy Research Working Paper 2949, January 2003.

[46]Ronald B. Davies and Annie Voy. The Effect of FDI on Child Labor[J]. 2007. IIIS Discussion Paper No. 215.

[47]易丹辉:《数据分析与 Eviews 应用》,中国统计出版社 2002 年版。

第五章 中国引进外资对服务
贸易竞争力的影响

第一节 国内外研究状况

一、外商直接投资对服务贸易竞争力影响的研究

(一)服务贸易、国际竞争力以及服务贸易竞争力概念的界定

"服务贸易"最早出现在1972年经济合作组织(OECD)的一份报告中,之后,美国在《1974年贸易法》中又使用了"世界服务贸易"的概念。随着关贸总协定乌拉圭回合谈判的不断深入,以及世界经济贸易的发展,服务贸易逐渐被各国和贸易组织广泛接受。但是对服务贸易概念的界定,国际上一直没有形成一个精确的定义。西方学者对服务贸易概念的探讨是从"服务"概念本身开始的。霍尔(T. P. Hill,1977)[1]指出,"……服务的生产和消费必须同时进行,服务一旦生产出来必须由消费者获得,不能储存"。桑普森(G. Sampson)和斯内普(R. Snape,1985)[2]、霍格鲁伯(H. G. Grubel,1987)[3]、纳雅(D. Nayyar,1988)[4]等沿着服务的生产和消费不能分离的特性这一线索,将服务贸易进行了分类定义。其中,纳雅(D. Nayyar,1988)将服务贸易分成了四类:(1)生产者移动到消费者处的服务贸易;(2)消费者移动到生产者处的服务贸易;(3)生产者或消费者移动到对方所在地的服务贸易;(4)消费者和生产者都不移动的服务贸易。这种分类虽然把服务贸易和货物贸易清楚地区别开来,但是不能把服务贸易同生产要素的国际流动分开。巴格瓦蒂(J. N. Bhagwatti,1984)[5]等人对服务贸易的定义,弥补了这一缺陷,他认为生产要素在国际间的暂时流动为服务贸易,而永久性流动就不属于服务贸易。1994年关税和贸易总协定(GATS)对服务贸易的范围和定义进行了限定:(1)从一缔约方境内向任何其他缔约方境内提供的服务;(2)在一缔约方境内向任何其他缔约方消费者提供的服务;(3)一缔约方在其他任何缔约方境内通过提

供服务的商业存在而提供服务；（4）一缔约方的自然人在其他任何缔约方境内提供服务。

我国学者对服务贸易的定义也进行了探讨。薛荣久（1993）[6]认为服务贸易是指国家之间相互提供的、作为劳动活动服务的特殊作用价值。丁维香（1995）[7]指出服务贸易就是一国的个人或团体，向另一国的个人或团体购买服务的过程。杨圣明（1999）[8]则认为服务贸易是指服务在国家之间的等价交换过程。

对国际竞争力的研究开始于 20 世纪 80 年代，其中世界经济论坛（WEF）和瑞士管理开发学院（IMD）是最具影响的研究机构。这两个机构设计的国际竞争力评价原则、方法和指标体系得到了许多国家的认可，他们每年都会出版《世界竞争力报告》，这一报告在国际社会产生了很大的影响。WEF 对国际竞争力下的定义是"一国或一公司在世界市场上均衡地生产出比其竞争对手更多财富的能力"。可以看出该机构对国际竞争力的研究着眼于国家或企业层面。迈克尔·伯特第一个把国际竞争力的概念引入到产业层面[9]。他把产业国际竞争力定义为：一国在某一产业的国际竞争力为一个国家能否创造一个良好的商业环境，使该国企业获得竞争优势的能力。其实对服务贸易竞争力的研究，也是站在产业竞争力的角度上研究的。因为从一国服务业参与国际市场竞争的角度看，服务业竞争力的高低，只能通过服务贸易在国际市场上销售服务产品而体现出来。

关于服务贸易竞争力的定义，目前，理论界也没有统一的答案。我国学者对服务贸易竞争力下的定义，都是在国家和产业竞争力定义的基础上延伸出来的。薛荣久、刘东升（2005）[10]认为服务贸易竞争力就是：一国服务业参与国际市场竞争，所能给该国增加价值的能力，以及增加国民财富的能力。林红（2007）[11]对这一定义又进行了深化和完善，她认为服务贸易竞争力是一个国家或地区在经济全球化趋势下，以提高国民收入和生活水平为目的，其服务业参与国际市场竞争，创造增加值并保持良好的国际收支平衡的能力。

（二）影响服务贸易竞争力的理论探源

第一，在比较优势基础上探讨服务贸易竞争力来源。传统的国际贸易理论认为，比较优势的存在是发生国际贸易的动因，虽然服务和产品在生产和交易方面存在很大的区别，但是，Deardorff（1985）[12]利用 H-O 模型，成功地解释了服务贸易也是遵循比较优势原理的。比较优势的存在作为服务贸易发生的动因,也应该是一国服务贸易获得国际竞争力的基础,因此,学者们对服务贸易比较优势的研究,其实也是对服务贸易竞争力来源的探讨。Melvin(1989)[13]、Sagri(1989)[14]、Burgess(1990)[15]认为知识和技术是决定一个国家获得服务贸易比较优势的决定因素。Hoekman 和 Karsenty(1992)[16]运用显性比较优势法,分析得出一个国家收入水平越高,则其所具有的服务贸易比较优势也越大。

第二,在新贸易理论基础上对服务贸易竞争力来源的研究。以克鲁格曼为代表的新贸易理论学者认为[17],即便没有比较优势,规模经济也是进行国际贸易的动因。马库森等(Markusen,1986)[18]以生产者服务贸易为切入点,发现规模经济也是决定服务贸易的重要因素。所以,规模经济也可以看做是一国服务贸易竞争力的来源。另外,Waren mefarlan(1984)[19]、Yehia soubra(1993)[20]、James. R. lee(1993)[21]通过理论和实证分析表明,低成本优势和产品差异性是获得信息服务贸易竞争力的源泉。

第三,基于竞争优势理论的研究。1990 年迈克尔·波特利用"钻石模型"提出了国家竞争优势理论[22],之后这一理论逐渐被后人引用到服务贸易领域。竞争优势理论认为,服务贸易竞争力主要受生产要素、需求要素、相关产业、企业组织战略与竞争程度、机遇与政府干预等因素的影响。

我国学者对服务贸易竞争力的影响因素也进行了一些研究,李静萍(2002)[23]选用不同国家的面板数据,利用计量分析方法,研究发现人均国民收入、国内服务需求、国内服务业发展水平、商品进出口,对服务贸易的进口和出口都有促进作用,但是国内经济规模对服务贸易出口却有负向的影响。郑吉昌、周蕾(2005)[24]也选择了和李静萍相似的研究方法,但是对服务贸易竞争力的衡量指标做了变动,得出了和李不同的结果。他们发现收入水平、服务业增长率、货物出口对服务贸易竞争力的影响都是负向的,而单从我国的情况来看,货物进口和服务业增长率对我国服务贸易竞争力有促进作用,而货物出口对我国服务贸易竞争力的影响也是负向的。李怀政(2002)[25]认为由于高级服务要素相对贫乏、技术水平比较落后,服务贸易结构不合理等原因使得中国服务贸易的国际竞争力比较低。郭海虹(2002)[26]认为企业创新、政府作用的发挥是提升我国服务贸易竞争力的主要因素。李伍荣、余慧(2006)[27]则从产业内贸易的角度出发,认为服务业产业内贸易是提高我国服务贸易竞争力的关键因素。

二、外商直接投资对我国服务贸易竞争力影响的相关研究

我国学者针对我国的具体情况,研究了外商直接投资对我国服务贸易竞争力的影响。郑吉昌、夏晴(2004)[28],赵景峰、陈策(2006)[29]分别运用"钻石模型"和计量分析方法对影响我国服务贸易的因素进行了研究,发现服务业 FDI 可以促进我国服务贸易竞争力的提高。贺卫等(2005)[30],丁平(2007)[31],史自立、谢婧怡(2007)[32]以服务贸易出口额来衡量服务贸易竞争力,并用流入各个行业的 FDI 作为自变量对服务贸易竞争力进行回归分析,研究发现 FDI 促进了我国服务贸易竞争力的提高。杨亚梅(2005)[33]则认为服务贸易的进口额和出口额都是服务贸易竞争力的体现,并用 FDI 对二者进行了一元回归,发现 FDI 可以促进我国服务贸易进出口的增加。王放(2007)[34]从服务业产业内贸易为切入点,利用多元回归分析指出 FDI 对我国服务贸易竞争力有负向的影响,但是 FDI 与人力资本的有机结合却可以促进我国服务贸易竞争力的提高。孙俊(2002)[35]则从全球的角度考虑,利用12 个发达国家和11 个发展中国家的面板数据,验证了 FDI 可以提高发达国家的服务贸易竞争力,降低发展中国家的服务贸易竞争力。

对服务贸易竞争力的研究源于国际竞争力理论,由于该理论的产生也仅有二三十年的时间,因此理论界对服务贸易竞争力的理论研究还不成熟。比较优势、规模经济都是决定服务贸易的动因,因此在研究影响服务贸易竞争力的影响因素方面,比较优势因素和规模经济被看做了服务贸易竞争力的来源。竞争优势理论从多方面探讨了影响一国国际竞争力的因素,因此,把该理论应用到服务贸易竞争力的研究,比仅从基本的要素禀赋来探讨服务贸易竞争力的决定因素,更具现实性。

关于外商直接投资对我国服务贸易竞争力影响的研究,目前还存在一定的缺陷:首先,所有的研究都局限于实证分析或者纯粹的文字论述,缺乏相应的理论研究。其次,就实证研究来说,对服务贸易竞争力指标的选用过于单一,大部分学者都用服务贸易出口额来衡量服务贸易竞争力,这只能反映我国服务贸易发展的一个方面,不能从总体上体现我国服务贸易竞争力的高低。本章将通过波特的竞争优势理论来构建 FDI 对我国服务贸易竞争力影响的模型,从更深的理论层次来解释二者之间的关系。为了准确反映 FDI 对我国服务贸易竞争力的影响,还选择了协整和格兰杰因果检验的方法对二者的关系

进行实证检验。

第二节 外商直接投资影响服务
贸易竞争力的机制分析

迈克尔·波特在他的《国家竞争优势》一书中表明,一个国家的竞争力高低主要取决于产业竞争力发展,而产业竞争力的高低不仅受传统的比较优势的影响,而且受其他很多因素的影响,这些因素包括要素条件、需求条件、相关及支持产业,以及厂商的战略、结构和竞争,还包括机遇和政府支持,其中前四个因素为基本因素,起主要作用,后两个为辅助因素。他把影响产业竞争力来源的因素,用一个钻石模型表示了出来。但是这个模型是对产业和国家竞争力来源的分析,并没有专门针对服务贸易竞争力做出分析,本章首先在原始的产业竞争力钻石模型基础上,结合我国服务贸易发展的特殊环境,构建影响我国服务贸易竞争力的钻石模型。然后把外商直接投资作为外来影响因素,引入到钻石模型中,并对外商直接投资影响我国服务贸易竞争力的路径进行具体分析。

一、基于钻石模型的我国服务贸易竞争力分析

(一)要素条件

要素条件是波特钻石模型的第一个决定条件,这里的要素包括初级要素和高级要素两种。初级要素包括自然资源、气候、地理位置、非技术人力和半技术人力,这些因素是无法进行创造的,只能被动的继承。而高级生产要素却是可以创造和积累的,这些要素包括资本、技术、人力资本和基础设施。从以上对我国服务贸易现状的分析可以看出,我国在传统的劳动密集型和资源密集型行业具有一定的竞争优势,如旅游业,但是在需要高级要素的行业不具有竞争优势,如金融、保险、通讯等行业。而服务贸易的竞争优势仅靠初级要素是不可能维持长久的,只有不断的拓展、积累高级要素才能提高服务贸易竞争力。服务贸易高级要素的提升需要国家提高基础设施建设,如现代化通信设施,加大对高级人才的培养,发展高等教育,增加资本积累,发展先进技术。在维持传统竞争优势的基础上,创造新的竞争优势,提高服务贸易竞争力。

（二）需求条件

波特认为,国内市场需求可以刺激企业创新和改进技术,从而增强产业发展的动力,而且,国内需求规模的扩大还有利于企业形成规模经济,降低生产成本,提高竞争力。波特还提出国内消费者对产品的质量要求和挑剔程度,也可以促进产业竞争力的提高,因为苛刻的购买者会迫使企业不断地提高产品质量标准、改进经营方式、改进技术创新、制度创新、组织创新等行为的发生。对于我国的服务贸易来说,我国有 13 亿人口,有足够大的市场容量,但是如何刺激消费者和生产者对服务的需求,变潜在需求为实际需求才是关键之处,而且,我国消费者和西方发达国家的消费者相比,对服务本身的挑剔和购买专业程度还有很大差距,对我国服务市场的压力也没有西方国家那样强。因此,刺激国内服务需求、提升消费者的挑剔程度和专业程度,是提高我国服务贸易竞争力的关键。

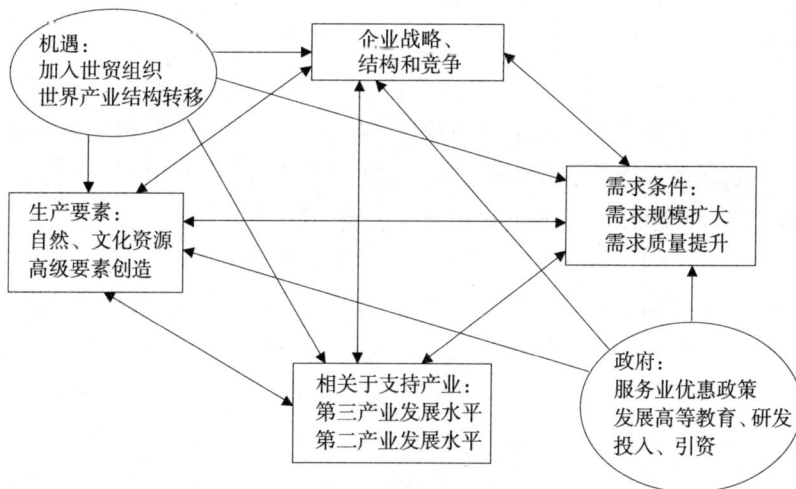

图5—1 服务贸易竞争力钻石模型

（三）相关及支持产业

服务业是服务贸易的支撑产业,服务业的发展水平是我国对外服务贸易的基础,只有国内服务业发展到一定程度,企业才会寻求国际市场的拓展,从而推动国际服务贸易的发展,服务业的发展是提升服务贸易竞争力的基础。但是,由于受我国经济发展水平和发展模式制约,服务业一直是我国的落后产业,特别是有些专业服务部门发展比较落后,如金融、保险、律师、会计师等。既然服务业没有给我国的服务贸易一个很好的依托,那么就应该从提高服务业的发展水平着手来提高服务贸易竞争力。

服务贸易的相关产业主要是指第二产业,特别是制造业,制造业是与服务业联系最紧密的产业,随着制造业的发展,对生产者服务的需求会越来越旺盛,这将会促进生产者服务业的发展,近年在全球兴起的"服务外包"就是一个很好的例子。同时,随着制造业的升级和产品质量的提高,消费者对附加于产品上的服务要求也越来越高,因为很多服务已经成了产品增值的重要组成部分。而且,第二产业也可以通过产业联动效应,用产品贸易来带动服务贸易的发展。所以,应该协调好我国第二产业和服务业之间的发展,利用产业联动效应提升我国的服务贸易竞争力。

(四)厂商的战略、结构和竞争

这一因素主要是从服务企业本身来讲的,企业是服务贸易发生的主体,只有提供服务的企业具有了长足发展的动力,才有服务业发展的动力,也才有服务贸易发展的动力。所以,服务贸易竞争潜力的挖掘,最终还要落在服务企业的竞争力上。波特认为一个企业的竞争力决定于它自身的发展战略、组织结构和竞争状态。虽然管理经验、企业家才能也起到一定的作用,但最终能提升一个服务企业竞争能力的还是发展战略和竞争状态,因为管理经验可以通过向优秀企业模仿学习得到,但是发展战略却不容易学到,它决定了一个企业长远发展的命运。那么我国的服务企业就应该具备战略眼光,根据经济环境的变化,适时调整自己的发展战略,获取长远发展的竞争优势。国内服务行业的竞争状态是决定一个企业发展、提高竞争力的外部环境,激烈的行业竞争会迫使企业不断的进行技术革新、制度革新、管理模式的创新和提高服务质量,这些革新是促进企业提高竞争力的"催化剂"。但是,从我国服务业的发展状况来看,行业竞争力度是很缺乏的,而且像电信行业还处于垄断状态,金融和保险服务也才逐步放开,这不利于我国服务业的发展。所以,只有适度放开我国的服务部门,形成良好的行业竞争态势,才能促进我国服务贸易竞争力的提高。

(五)机遇和政府

这两个因素虽是影响产业竞争力的辅助因素,但是对我国服务贸易竞争力的提升还是有很重要作用的。加入世贸组织已为我国服务业和服务贸易的发展提供了一次很好的机遇,开放的市场、竞争力较强的外国企业的进入,虽然会给我国的服务业造成一定的冲击,但是也给我们带来了先进的技术和管理经验,通过示范效应和竞争效应可以提升国内企业的竞争力。同时,开放也给我国的服务走出国界、打入国际市场提供了机会,国际市场的需求状况和竞争程度也有助于我国服务贸易竞争力的提升。全球第三次产业转移,服务外包的兴起也在给我国服务贸易的发展提供机会,我国的服务行业应该努力抓住这次机会,提升自己的竞争力。

我国处于经济转型时期,政府在提高我国服务贸易竞争力方面具有举足轻重的地位。政府通过制定相关的政策措施,可以促进我国服务业的改革、市场体系的完善和竞争机制的形成,而且政府因素也可以促进其他影响我国服务贸易竞争力因素的发挥,如发展高等教育、扩大 R&D 投资规模,积极引进外资和技术,都利于高级要素的形成。从目前我国服务贸易发展的现状来看,我国政府还应该加强产业政策调整力度,打破行业垄断,给予服务业和服务贸易优惠的发展政策,同时加强国内服务业立法,为我国服务贸易竞争力的提升奠定基础。

二、外商直接投资对我国服务贸易竞争力影响的路径分析

(一)外商直接投资、生产要素与服务贸易竞争力

外商直接投资虽不能对我国的初级要素产生影响,但是却有利于服务贸易高级要素的形成,进而提高我国服务贸易竞争力。首先,服务业 FDI 可以直接为服务贸易的发展注入资本,从 2006 年外商投资企业年底注册登记情况看,服务业共有 74758 家企业,其中外商注入资本为 2269 亿美元,这些外资一定程度上弥补了我国发展服务贸易资金不足的问题。其次,服务业 FDI 可以为我国服务业的发展带来先进的技术和管理经验。跨国公司通过直接投资在我国建立分支机构,同时也会把技术直接转移到我国,有利于整个服务行业技术水平的提高,而且外商投资企业会通过示范效应、技术溢出效应提升国内企业的技术水平和管理经验。最后,FDI 有利于服务业人力资本的提高。随着外资企业和先进技术的流入,会增加我国对知识型和技术型人才的需求,而高级人才往往具有较高的工资水平,这种受教育后会有更高收入的预期,会增加人们对教育的投入,而对于服务业特别是新兴服务行业来说是以知识密集型

和技术密集型为主要特色的,因此,外资的流入会促进我国服务业人力资本的提高。另外,服务业跨国公司在中国建立分支机构后,为了提高员工的工作效率,会对员工进行职业培训和技能培训,这种培训也可以促进我国服务业人力资本的提高。这些高级要素的培养和提高,会促进我国服务业的发展,最终促进服务贸易竞争力的提高。

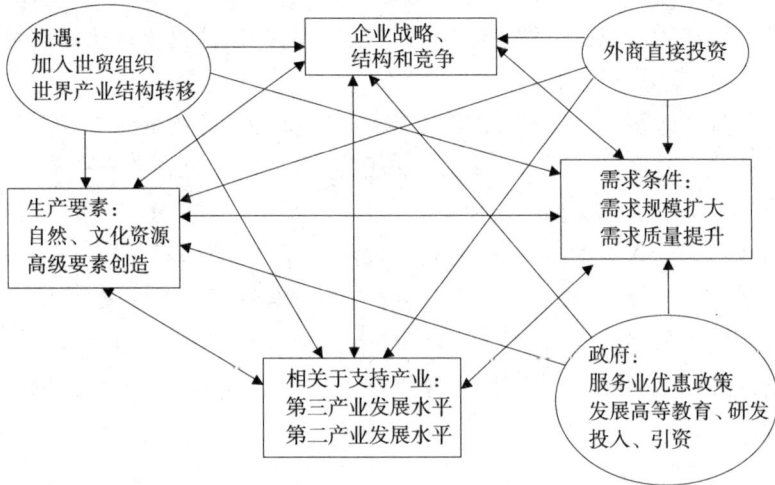

图5—2 引入外商直接投资的服务贸易竞争力钻石模型

(二)外商直接投资、需求条件和服务贸易竞争力

外商直接投资通过影响需求条件的变动,对我国服务贸易竞争力的影响可能是正向的也可能是负向的。

外商直接投资对我国服务贸易竞争力的正向影响。国内市场对服务需求规模的扩大和需求质量的提高,是促进服务贸易竞争力提高的动力,而外商直接投资会影响这两个因素。首先外商直接投资有利于需求规模的过大,外商直接投资进入我国之后可以通过示范效应、技术溢出效应、关联效应促进我国的经济增长和国民收入的提高,这已经被很多学者所证实,而收入水平是影响服务需求的关键因素,且具有相当大的弹性,这种服务需求包括消费性服务需求和生产性服务需求。收入水平的提高会刺激人们对消费性服务需求的增加,如餐饮服务、旅游服务、文化娱乐服务等。目前,第二产业仍然是我国的主导产业,而且在制造业方面具有一定的比较优势,所以,寻求高额投资回报率的外商直接投资70%注入到了第二产业,外资的进入同样会促进第二产业的高速发展,第二产业的发展就伴随着对生产性服务需求的增加,如商务服务、金融保险服务、交通运输服务、通信服务等。其次,外商直接投资有利于形成对服务需求的挑剔型和专业型客户。大量的外资企业进入我国,也带来了他们对不同服务的需求,但是发达国家的企业对服务的需求是比较挑剔和苛刻的,而国内的企业和消费者也会在他们的示范效应下增加对服务质量的要求。另外,服务型跨国公司进入我国之后,他们高质量的服务水平也会刺激国内市场服务质量的提升。所以,外商直接投资会促进国内市场服务需求规模的扩大和服务需求质量的提升,最终促进服务贸易竞争力的提高。

外商直接投资对我国服务贸易竞争力的负向影响。这种负向影响是建立在正向影响的基础之上的,外资虽然可以促进国内服务需求的扩大和服务需求质量的提升,但是如果我国服务业的发展不能满足这种需求力度和挑剔程度,那么就会增加我国的服务进口,降低服务贸易竞争力。另外,外资企业虽然带来了服务需求,但是由于语言、文化的不同,以及"血缘关系",他们会更倾向于选择母国和跨国公司所提供的服务,这也会增加我国对服务的进口,降低服务贸易竞争力。

所以,外商直接投资通过需求条件对我国服务贸易竞争力的影响,关键取决于我国服务业的发展水平以及服务质量的提升,如果我国提供的服务能够充分满足国内需求,就会促进服务出口,提高服务贸易竞争力;如果不能满足国内需求,就会增加服务进口,降低服务贸易竞争力。

(三)外商直接投资、相关和支持产业与服务贸易竞争力

服务业 FDI 不仅给我国服务业的发展带来了资本,更带来了先进的技术和管理经验,也会通过示范效应和技术溢出效应促进我国服务业的经济增长,服务业的发展为服务贸易竞争力提高奠定了产业基础。第二产业,特别是制造业是服务贸易发展的相关产业,也可以说是它的联动产业。大量的外资流入制造行业,促进了制造业的飞速发展,一度使我国成为"世界的加工厂",制造业的发展也带动了其对服务需求,特别是生产性服务需求的增加,需求的增加给我国服务业的发展带来了动力,从而有利于服务贸易竞争力的提高,当然这里也存在上文中提到的问题,就是如果服务业的发展不能满足需求的增加,就会降低我国的服务贸易竞争力。

（四）外商直接投资、厂商的战略、结构和竞争与服务贸易竞争力

服务业 FDI 一般来自于发达的资本主义国家，这些国家的市场经济发达、企业制度完善、市场竞争也很激烈，而且这些跨国公司之所以能够进入国际市场，是因为它们具有一套科学、完善的内部管理体制。跨国公司的这些竞争优势会加剧我国服务市场的竞争力度，给国内企业的发展带来压力，迫使其去调整发展战略，适应环境的变化，并学习跨国公司的管理制度和企业制度，增强自身的发展能力。国内企业发展能力的增强，会有助于服务质量的提升，从而有益于服务贸易竞争力的提高。

第三节　外商直接投资对我国服务贸易 竞争力影响的实证分析

一、变量选取和数据来源

本章首先分别分析外商直接投资对我国服务出口和进口的影响，然后分析外商直接投资对我国服务贸易竞争力的影响。

由于我国国际收支平衡表中对我国服务贸易进出口额的统计是从 1985 年开始的，所以，本章对数据期间的选择是从 1985 年到 2006 年。其中 FDI 年流入量用每年我国实际利用 FDI 的数额来衡量，由于 FDI 数额都是以美元表示的，考虑到汇率变动的风险，这里就用每年的汇率把美元折合成人民币。对服务出口额和进口额也进行了同样的处理方法，而对于服务贸易竞争力的衡量方法有多种，如 RCA 指数和 TC 指数，但是对于 RCA 指数来说，它的核算需要有一个选定的经济体为基础，如服务贸易出口总额最大的前十名国家为一个经济体，但是从长时间来讲，这个经济体不好选择，RCA 指数的计算误差会很大。所以，本章选用的是贸易竞争优势指数也称 TC 指数，因为该指数不仅能从总体上反映出我国服务贸易竞争力的情况，而且还可以消除通货膨胀的影响。我国 1985 年到 2006 年的服务出口额、服务进口额、TC 指数与 FDI 的图像如图 5—3 所示：

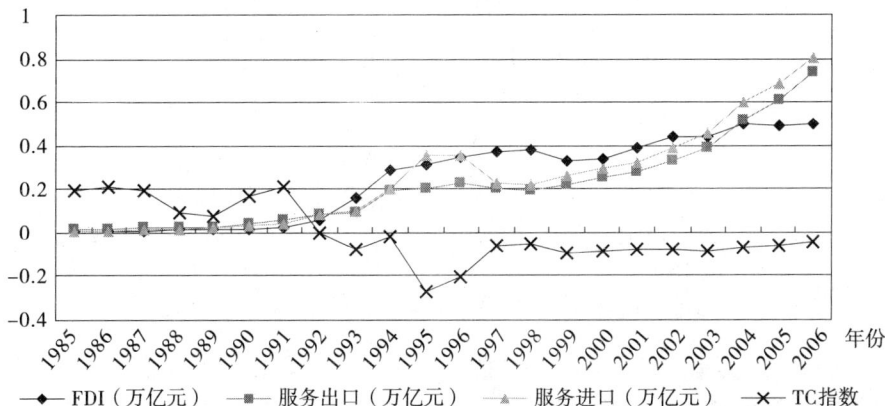

图 5—3　变量描述

注:FDI 流量来自于各年《中国统计年鉴》,服务贸易差额和服务贸易总额来自于各年《中国国际收支
平衡表》,TC 指数由服务贸易差额÷服务贸易总额计算而得。

二、计量方法和模型

传统的方法对计量模型所使用的时间序列数据没有进行平稳性检验,实际上经济变量大都是非平稳的,直接进行回归分析容易出现"伪回归"问题(Granger&Newbold,1974)。而差分序列的回归会导致长期信息的丢失。由Engle&Granger 等发展起来的协整分析技术有效地解决了创痛经济建模中非平稳时间序列的"伪回归"问题,又使模型兼具系统的短期动态波动和长期均衡特征,是一种具有高度稳定性和可靠性的动态建模方法。

(一)序列的平稳性检验

如果一个序列是平稳的,则它的均值与时间趋势无关,围绕一个均值波动并向其收敛。序列的平稳性检验是协整分析的前提,若一个非平稳序列 y_t 经过 d 次差分后可变成平稳序列,则称 y_t 是 d 阶平稳的,记为 $y_t \sim I(d)$。若 $y_t \sim I(1)$,$\Delta y_t \sim I(0)$,则称 y_t 具有单位根特征。常见的检验序列平稳性的方法有 DF(Dickey-Fuller)方法、ADF(Augment Dickey-Fuller)方法、PP(Pillips-Perron)方法等,本章采用 ADF 法。

ADF 检验是对如下三种检验方程的系数 δ 进行 t 检验:

（1）检验方程中无常数项也无时间趋势项：

$$\Delta y_t = (\delta - 1)y_{t-1} + \sum_{i=1}^{m} \beta_i \Delta y_{t-i} + \mu_t$$

（2）检验方程中只含有常数项：

$$\Delta y_t = \alpha + (\delta - 1)y_{t-1} + \sum_{i=1}^{m} \beta_i \Delta y_{t-i} + \mu_t$$

（3）检验方程中有常数项和时间趋势项：

$$\Delta y_t = \alpha + \gamma t + (\delta - 1)y_{t-1} + \sum_{i=1}^{m} \beta_i \Delta y_{t-i} + \mu_t$$

检验的零假设 $H_0 : \delta = 1$，备择假设 $H_1 : \delta < 1$。若拒绝零假设则序列 y_t 是平稳的。ADF 检验通过滞后阶数 m 改进了序列存在高阶滞后相关对检验的影响。

（二）协整检验

对于两个非平稳的时间序列,若它们是同阶单整的,那么这两个变量之间就可能存在某种长期稳定的均衡关系,即协整关系。由上面的检验可以看出 TC 和 FDI 是同阶单整的,所以,它们之间可能会存在一种长期稳定的协整关系。对于变量之间协整关系的检验方法有两种:一种是由 Engle 和 Granger 在 1987 年提出的 EG 两步法,即先对两个变量作普通最小二乘(OLS)回归,然后检验回归后的残差序列项是否是平稳的,若平稳,那么两个变量之间就存在协整关系,若不平稳,就不存在协整关系;另外一种方法是 Johansen 和 Juelius 在 1990 年提出的极大似然估计法,这种检验方法是先建立无约束的向量自回归(VAR)模型,依据 AIC 或 SC 最小信息原则确定最优的滞后阶数,然后再利用 Johansen 的似然比统计量检验协整向量的个数或变量之间是否存在协整关系。本章将采用 Johansen 检验方法。

若 y 和 x 表示两个变量,则 y 和 x 的 VAR(p)模型如下：

$$Y = \beta_{10} + \beta_{11}X_{t-1} + \ldots + \beta_{1p}X_{t-p} + \gamma_{11}Y_{t-1} + \ldots + \gamma_{1p}Y_{t-p} + \varepsilon_{1t}$$

$$X = \beta_{20} + \beta_{21}X_{t-1} + \ldots + \beta_{2p}X_{t-p} + \gamma_{21}Y_{t-1} + \ldots + \gamma_{2p}Y_{t-p} + \varepsilon_{2t}$$

其中, β 和 γ 是未知系数,p 为滞后阶数, ε_{1t} 和 ε_{2t} 是误差项。

（三）误差修正模型(ECM)

Granger 认为:如果非平稳的两个变量之间存在一个长期稳定的协整关

系,那么就一定存在一个误差修正模型(ECM:Error Correction Model)。误差修正模型进一步反映了变量之间的短期动态关系和长期均衡调整速度,分别用交叉差分项和一阶滞后的误差修正项表示。当系统偏离均衡点时,误差修正机制可以把系统重新拉回至均衡状态,使这种偏离不可能长久也不可能太远。误差修正模型包含了长期和短期参数,是将变量间长期变化和短期波动综合体现的一种有力工具。得到误差修正模型的表达形式为:

$$\Delta y_t = \alpha + \sum_{i=1}^{m} \beta_i \Delta y_{t-i} + \sum_{i=0}^{n} \gamma_i \Delta x_{t-i} + \delta ECM_{t-1} + \mu_t$$

y_t 为内生变量, x_t 为外生变量, ECM_{t-1} 为误差修正项。

(四)Granger 因果检验

协整检验只能反映两个变量之间具有一种长期稳定的协整关系,但是这种关系是否构成因果关系,还需要对 FDI 和 TC 指数进行 Granger 因果检验。Granger 因果检验的原理是:两个经济变量 x 和 y 在包含滞后期取值的条件下对 y 的预测效果要好于单独由包含 y 的滞后期取值对 y 的预测,即 x 有利于 y 预测精度的改善,则称 x 是 y 的格兰杰原因,此时 x 的滞后期系数具有统计显著性。据此可以建立 x 和 y 之间的格兰杰因果关系模型如下:

$$y_t = \alpha_1 + \sum_{i=1}^{m} \beta_{1i} y_{t-i} + \sum_{i=1}^{n} \gamma_{1i} x_{t-i} + \mu_{1t}$$

$$x_t = \alpha_2 + \sum_{i=1}^{n} \beta_{2i} x_{t-i} + \sum_{i=1}^{m} \gamma_{2i} y_{t-i} + \mu_{2t}$$

从理论上说,由以上方程组可知,x 与 y 之间存在四种关系:(1)如果 γ_{1i} =0, γ_{2i} =0,则 x 与 y 之间不存在因果关系,即彼此相互独立;(2)如果 γ_{1i} =0, γ_{2i} ≠ 0,则 x 不是 y 的格兰杰原因,y 是 x 的格兰杰原因;(3)如果 γ_{1i} ≠ 0, γ_{2i} =0,则 x 是 y 的格兰杰原因,y 不是 x 的格兰杰原因;(4)如果 γ_{1i} ≠ 0, γ_{2i} ≠ 0,则 x 与 y 之间互为因果关系。

三、实证结果及分析

(一)FDI 与服务出口的实证结果

首先,依据 AIC 和 SC 最小信息准则,结合数据的图像,对 FDI 和 SEXP 所做的 ADF 单位根检验的结果如表 5—1 所示:

表 5—1　FDI 和 SEXP 的单位根检验结果

变量	检验方法	ADF 值	1%	5%	10%	P 值	平稳性
FDI	C,T,1	-2.5733	-4.4983	-3.6584	-3.269	0.2942	不平稳
D(FDI)	N,N,1	-2.2273	-2.6857	-1.9591	-1.6075	0.0283	平稳
SEXP	N,N,1	6.5648	-2.6797	-1.9581	-1.6078	1.0000	不平稳
D(SEXP)	N,N,0	0.4525	-2.6924	-1.9602	-1.6071	0.8024	不平稳
D(SEXP,2)	N,N,0	-7.8911	-2.6924	-1.9602	-1.6071	0.0000	平稳

　　结果显示,FDI 和 SEXP 的原序列在 1%、5%、10% 的显著性水平上都不能通过检验,表现出非平稳性,但是 FDI 的一阶差分通过了 5%、10% 的显著性水平检验,这说明 FDI 的一阶差分序列是平稳的,即 FDI 是一阶单整。而 SEXP 的一阶差分没有通过显著性检验,表现了非平稳性,只有二阶差分才具有平稳性,即 SEXP 是二阶单整的。这就说明了 FDI 和 SEXP 不是同阶单整数列,二者也就不具有一个长期稳定的协整关系。从经济意义上来讲 FDI 对我国的服务出口是没有影响的。

(二)FDI 与服务进口的实证结果

1. 据平稳性检验

　　依据 AIC 和 SC 最小信息准则,结合数据的图像,对 FDI 和 SIMP 所做的 ADF 单位根检验的结果如表 5—2 所示:

表 5—2　FDI 和 SIMP 的单位根检验结果

变量	检验方法	ADF 值	1%	5%	10%	P 值	平稳性
FDI	C,T,1	-2.5733	-4.4983	-3.6584	-3.269	0.2942	不平稳
D(FDI)	N,N,1	-2.2273	-2.6857	-1.9591	-1.6075	0.0283	平稳
SIMP	C,T,1	-1.7538	-4.4983	-3.6584	-3.269	0.6884	不平稳
D(SIMP)	N,N,1	-1.7052	-2.6857	-1.9591	-1.6075	0.083	平稳

注:"D"表示一阶差分,检验形式(C,T,K)分别表示所设定的检验方程含有飘移项、时间趋势项、最优滞后阶数,N 表示不包含飘移项或时间趋势项。

　　从上面的检验已经知道 FDI 是一阶单整的,这里可以看出,SIMP 的原序列是不平稳的,但是一阶差分在 10% 的显著性水平下通过了检验,所以,SIMP 也是一阶单整的,这说明了 FDI 和服务进口之间具有一个长期稳定的协整关系。

2. 协整检验

协整检验首先要对 FDI 和 SIMP 建立 VAR 模型,确定最优滞后阶。依据 AIC 和 SC 最小信息准则,通过多次检验,确定的最优滞后阶为 4,此时 FDI 和 SIMP 的 VAR 方程式为:

$$SIMP = -0.001 + 1.263SIMP(-1) - 0.107SIMP(-2) - 0.184SIMP(-3)$$
$$-0.003 \quad 4.5423^{***} \quad\quad -0.2119 \quad\quad -0.3735$$
$$+0.755SIMP(-4) + 0.731FDI(-1) - 0.482FDI(-2) - 1.381FDI(-3)$$
$$1.7184^{**} \quad\quad 2.134^{***} \quad\quad -0.847^{*} \quad\quad -2.5642^{***}$$
$$+0.677FDI(-4)$$
$$1.954^{***}$$

$$R^2 = 0.98 \quad Adj - R^2 = 0.97 \quad AIC = -3.29 \quad SC = -2.85$$

$$FDI = 0.029 - 0.279SIMP + 0.778SIMP(-2) - 0.98SIMP(-3)$$
$$1.594^{*} \quad -1.348^{*} \quad 1.61^{*} \quad\quad -2.082^{***}$$
$$+0.43SIMP(-4) + 1.567FDI(-1) - 0.516FDI(-2) - 0.285FDI$$
$$1.039^{*} \quad\quad 4.774^{***} \quad\quad 0.947^{*} \quad\quad -1.235^{*}$$
$$(-3) + 0.243FDI(-4)$$
$$1.306^{*}$$

$$R^2 = 0.97 \quad Adj - R^2 = 0.975 \quad AIC = -3.38 \quad SC = -2.93$$

一般情况下做协整检验的滞后阶为做 VAR 所确定的最优滞后阶减 1,所以,协整检验的滞后阶为 3,检验结果如表 5—3:

表 5—3　协整检验结果(滞后期为 3)

原假设 H_0	特征值	迹统计量	5%	P 值
没有协整关系	0.5886	21.0145	20.2618	0.0393
最多有一个协整关系	0.2437	5.0277	9.1645	0.2804

从检验结果来看,当 H_0 没有协整关系时,P 值为 0.0393,在 5% 的显著性水平下拒绝了原假设,说明 SIMP 和 FDI 之间具有长期的协整关。当 H_0 最多有一个协整关系时,P 值为 0.2804,无论在 5% 显著性水平下没有通过检验,只能接受原假设,即二者之间最多有一个协整关系。所以,通过 Johansen 协整检验证明了 SIMP 和 FDI 之间有一个长期稳定的协整关系。

协整方程为：

$$SIMP = -0.02 + 1.09FDI$$
$$-0.57 \qquad 9.58^{***}$$
$$R^2 = 0.82 \quad Adj - R^2 = 0.81 \quad F = 91.71^{***}$$

从方程来看，拟合优度较好，且方程通过了1%的显著性检验，变量也具有较强的显著性。从经济意义看，FDI每增加一亿元会使我国的服务进口增加1.09亿元。

3. 误差修正模型（ECM）

由前面的实证检验已知，外商直接投资（FDI）和服务进口（SIMP）之间存在长期稳定的协整关系，下面我们用误差修正模型考察变量之间长期变动过程中的短期动态特征。

依据上面的协整方程建立的误差修正模型为：

$$D(SIMP) = -0.702ECM - 0.441D(SIMP(-1)) - 0.553D(SIMP(-2))$$
$$2.899^{***} \qquad -1.037^{*} \qquad\qquad -2.151^{**}$$
$$-0.742D(SIMP(-3)) + 1.161D(FDI(-1)) + 0.695D(FDI(-2))$$
$$-1.91^{**} \qquad\qquad 2.751^{***} \qquad\qquad 2.091^{**}$$
$$-0.691D(FDI(-3)) + 0.063$$
$$-2.315^{**} \qquad 3.733^{***}$$
$$R^2 = 0.79 \quad Adj - R^2 = 0.65 \quad F = 5.478^{*} \quad AIC = -3.4 \quad SC = -3$$

从整个ECM系统来看，回归得到的模拟效果较好，改误差修正模型反映了外商直接投资与服务进口之间短期动态关系，方程系数相对比较显著，误差修正项的系数为负，且通过了1%的显著型检验，说明当期服务进口若偏离长期均衡，在下期会有70.2%得到修正，使其重新回到均衡水平。短期内，滞后一年、滞后两年、滞后三年的服务进口每增加一亿元，会使当期的服务进口减少0.441亿元、0.553亿和0.742亿元。作者认为这里可能存在一种累计作用，以前年份进口较多的话，可能会引起当年的服务进口减少。而滞后1年、2年的外商直接投资每增加一亿元，会引起当期服务进口的增加1.161亿元和0.695亿元，而滞后3年的外商直接投资每增加一亿元，会使当期的服务进口减少0.691亿元，这说明了在两年内外商直接投资会促进我国服务贸易的进口，但是从第三年开始会转化到我国的服务的生产中来，从而减少服务的进口。

4. Granger因果检验

　　根绝协整检验的结果,外商直接投资与我国的服务进口之间存在长期稳定的均衡关系,下面来考察这种均衡关系是否构成因果关系。因果关系检验中对滞后阶数的选取比较敏感,本章根据 AIC 最小信息原则确定因果检验的滞后阶数为 4。检验结果如表 5—4 所示:

表 5—4　FDI 和 SIMP 的格兰杰因果检验结果

原假设	F 值	P 值
FDI 不是 SIMP 的格兰杰原因	4.3991	0.0303
SIMP 不是 FDI 的格兰杰原因	1.42341	0.3022

　　由 P 值 0.0303 可以看出,在 5% 的显著性水平下拒绝了 FDI 不是 SIMP 的假设,这说明 FDI 是服务进口 SIMP 的格兰杰原因,由 P 值 0.3022 可以看出,接受了 SIMP 不是 FDI 的格兰杰原因。结合以上的检验可以得出外商直接投资的增加是我国服务进口增加的原因。

(三)FDI 与 TC 指数的实证结果

1. 数据平稳性检验

以 AIC 和 SC 最小信息准则,结合数据的图像,对 FDI 和 TC 指数进行了 ADF(Augemented Dickey-Fuller Test)单位根检验,检验结果如表 5—5 所示:

表 5—5　变量单位根检验结果

变量	检验方法	ADF 值	1%	5%	10%	P 值	平稳性
TC	C,N,1	-1.8542	-3.8085	-3.0207	-2.6504	0.3454	不平稳
D(TC)	N,N,1	-4.4209	-2.6998	-1.9614	-1.6066	0.0002	平稳
FDI	C,T,2	-2.5109	-4.5326	-3.6736	-3.2774	0.3196	不平稳
D(FDI)	N,N,0	-2.1605	-2.6924	-1.9602	-1.6071	-0.0329	平稳

注:D 表示一阶差分,检验形式(C,T,K)分别表示所设定的检验方程含有飘移项、时间趋势项、最优滞后阶数,N 表示不包含飘移项或时间趋势项。

　　从检验结果可以看出,TC 指数和 FDI 的原时间序列的 ADF 值在 1%、5%、10% 的显著性水平上都不能通过检验,即两个变量的原序列都表现出非平稳性。但是可以看出一阶差分序列 D(TC)在 1% 的显著性水平下通过了检验,而 D(FDI)的 ADF 值也通过了 5% 的显著性检验,这说明了两个变量的一阶差分是平稳的。所以,TC 和 FDI 这两列数据是一阶单整的。

2. 协整检验

首先依据 AIC 和 SC 最小信息准则以及 F 统计量的显著性,对 TC 指数和 FDI 建立无约束的 VAR 模型,检验得到最优滞后期为 2,最优滞后期的 VAR 模型为:

$$TC = 0.09 + 0.53TC(-1) - 0.37TC(-2) - 0.0001FDI(-1)$$
$$\quad\ 1.81^{**} \quad\ 2.38^{**} \quad\quad -1.46^{*} \quad\quad\quad -2.7^{***}$$
$$+ 0.0001FDI(-2)$$
$$\quad\quad -2.17^{**}$$
$$R^2 = 0.72 \quad Adj-R^2 = 0.65 \quad F = 9.12^{***}$$
$$FDI = 372.87 - 221.88TC(-1) + 964.6851TC(-2) + 1.31FDI(-1)$$
$$\quad\ 1.52^{*} \quad\ -2.09^{**} \quad\quad 0.8 \quad\quad\quad 5.46^{***}$$
$$-0.42FDI(-2)$$
$$\quad\ -1.93^{**}$$
$$R^2 = 0.97 \quad Adj-R^2 = 0.96 \quad F = 115.23^{***}$$

这里协整检验的最优滞后阶数选为 1,Johansen 协整检验结果如表 5—6 所示。

表 5—6　协整检验结果(滞后期为 1)

原假设 H_0	特征值	迹统计量	5%	10%	P 值
没有协整关系	0.5757	25.0161	25.8721	23.3423	0.0636
最多有一个协整关系	0.3683	8.728	12.518	106664	0.1978

从检验结果来看,当 H_0 没有协整关系时,P 值为 0.0636,在 10% 的显著性水平下拒绝了原假设,所以能够说明 TC 和 FDI 之间是有协整关系的。当 H_0 最多有一个协整关系时,P 值为 0.1978,无论在 5% 或 10% 显著性水平下都没有通过检验,只能接受原假设,即二者之间最多有一个协整关系。所以,通过 Johansen 检验证明了 TC 指数和 FDI 之间有一个长期稳定的协整关系。二者的协整方程为:

$$TC = 0.1311 - 0.0000567FDI$$
$$\quad\ 4.309^{***} \quad\ -5.6581^{***}$$
$$R^2 = 0.63 \quad Adj-R^2 = 0.61 \quad F = 32.0145^{***}$$

从方程可以看出,变量和方程都通过了1%的显著性水平检验,拟合优度 bu 不是很高。长期来看,FDI 对 TC 指数的作用是负的,FDI 年流入量每增加一亿元人民币会使我国的服务贸易优势指数下降 0.0000567。

3. 误差修正模型

依据上面的协整方程建立的 FDI 和 TC 指数的误差修正模型为:

$$D(TC) = -0.855ecm + 0.389D(TC(-1)) - 0.0001D(FDI(-1))$$
$$-3.597^{***} \qquad 1.774^{**} \qquad\qquad -2.833^{**}$$
$$R^2 = 0.5 \quad Adj-R^2 = 0.43 \quad F = 7.75^{***}$$

从该模型中可以看出,该方程拟合优度不高,但所有回归系数都通过了显著性检验,方程也通过了1%的显著性检验,而且误差修正项系数为负值,符合反向修正机制。从误差修正模型可以看出:短期内,FDI 的变动会引起 TC 指数的反方向变动,且 FDI 变动 1 个单位,会引起 TC 变动 0.0001。从长期来看,如果本期的 TC 值偏离长期均衡,那么在下一时期这种偏离度将有 85.5% 得到修正,使其重新回到长期稳定关系状态。

4. Granger 因果检验

根据 AIC 最小信息原则确定因果检验的滞后阶数为 2。检验结果如表 5—7 所示:

表 5—7　Granger 因果检验结果(滞后期为 2)

原假设	F 值	P 值
FDI 不是 TC 的格兰杰原因	3.949	0.044
TC 不是 FDI 的格兰杰原因	2.203	0.147

由 P 值可以看出在 5% 的显著性水平下拒绝了 FDI 不是 TC 指数的格兰杰原因,接受了 TC 指数不是 FDI 的格兰杰原因,这说明了 FDI 和 TC 之间仅存在单方向的因果关系,即 FDI 是 TC 指数的 Granger 原因。由此可见,改革开放 20 多年来,FDI 的流入造成了我国服务贸易竞争力的降低。

从以上的实证分析可以得出以下结论:FDI 对我国的服务出口没有影响,但是会增加我国的服务贸易进口,FDI 每增加一个单位会使服务进口增加 1.09 个单位。FDI 的流入会降低我国的服务贸易竞争力,且从长期看,FDI 年流入量每增加一亿元人民币会使我国的服务贸易竞争力下降 0.0000567。虽然这个系数看起来比较小,但由于 TC 指数本身就是一个处于 -1 和 1 之间的一个值,而且加入 WTO 以来,每年流入我国 FDI 的数量也在快速增长,所以,FDI 流入对我国服务贸易竞争力的影响还是很大的。

那么,外商直接投资为什么会降低我国的服务贸易竞争力呢?可以从理论机制和实证检验两个方面来解释。首先,在理论机制中作者分析到:如果 FDI 对服务贸易的支撑产业——服务业发展的影响,小于 FDI 对服务需求增加的影响,而这种需求缺口只能通过进口来弥补的时候,就会降低我国的服务贸易竞争力。从我国 FDI 的产业分布来看,流入我国服务业的 FDI 比例很小,仅占 30% ,但是流入第二产业的 FDI 占了 70% 。FDI 的这种偏向性流入,会给我国的经济造成偏向于第二产业的高速增长,这种增长会拉动对生产性服务的需求。另外,外资企业的建立会派生出对服务的需求,但是这种需求会更多地偏向于进口,因为跨国公司与东道国在语言、文化等方面的差别,会使其倾向于选择母国提供的服务。而且,发达国家提供的服务无论在国际化水平、服务质量方面都比我国的要高,因此跨国公司会倾向于选择发达国家提供的服务,这样就会促进我国的服务进口。

其次,服务贸易竞争力主要是通过服务的进出口来体现的,与出口正相关与进口负相关,但是从实证检验来看,外商直接投资会增加我国的服务进口,但是对服务出口没有影响,这样外商直接投资就肯定会降低我国的服务贸易竞争力。其实,这一实证结果也和我国服务贸易发展的现实很相符,由于我国的服务业本身发展比较落后,很多行业一直处于垄断状态之下,缺乏国际竞争力,服务业 FDI 虽然会在一定程度上促进我国服务业的发展,增加服务供给,但是这种服务供给更多的是来满足国内快速增加的服务需求,所以,这种服务供给的增加只能起到进口替代的作用,对出口的影响不是很大。

综上所述,外商直接投资会降低我国的服务贸易竞争力,而这种影响的关键因素在于我国服务业发展落后,以及 FDI 的产业偏向性流入。

参 考 文 献

［1］T. P. Hill, On Goods and Service, Review of Income and Wealth Services 23, No. 4, 1997.

［2］G. Sampson and R. Snape, Identifying the issues of trade in service, The World Economy, 1985. 8, pp. 171 – 182.

［3］H. G. Grubel, All trade services are embodied in materials or people. The Word Economy. 1987, 10, pp. 119 – 130.

［4］Nayyar, Some reflections on the Uruguay Round and trade in services. J. W. T. , 22 (1988, no. 5) , pp. 35 – 47.

［5］J. N. Bhawatti, Splintering and disembodiment of services and developing nations. The Word Economy. 1984, 7, pp. 133 – 144.

［6］薛荣久主编:《国际贸易》,四川人民出版社 1993 年版。

［7］丁维香:《国际服务贸易与中国服务业》,中国对外经济贸易出版社 1995 年版。

［8］杨圣明等编著:《服务贸易——中国与世界》,民主与建设出版社 1999 年版。

［9］Poter, MichaelE, 1990, the competitive Advantage of Nations, New York: Free Press.

［10］薛荣久、刘东生:《国际贸易竞争学》,对外经济贸易大学出版社 2005 年版。

［11］林红:《中国服务贸易竞争力研究(博士论文)》,万方中国学位论文全文数据库,2007 年 6 月。

［12］A. Deardoff: Comparative Advantage and International Trade and Investment in Service, Canada/U. S Perspectives, Toronto: Ontario Economic Council, pp. 39 – 71.

［13］James R, Melvin 著,陈雪、陈林琳译:《生产者服务贸易:一个基于赫克歇尔—俄林模型的方法》,《经济资料译丛》,2005 年第 4 期,原载《政治经济学杂志》,1989 年第 11 期。

［14］S. Sagri: International Trade in Financial Service, Policy Planning and Research. Working Papers, 1989.

［15］D. Burgess: Service as International Goods: The Issues of Trade Liberalization, In R. Jones and A. Kruger (eds) , the Political Economy of International Trade, Basil Blackwell, pp. 122 – 139.

［16］B. Hoekaman&G. Karsenty: Economic Development and International Transation in Service, Development Policy Review. 1992(10) , pp. 211 – 236.

[17] Krugman, Paul R., 1979, Increasing returns, monopolistic competition, and international trade, Journal of International Economics, lsevier, vol. 9(4), pp. 469 – 479, November.

[18] Markusen, James R, 1986. Explining the Volume of Trade: An Eclectic Approach, American Economic Association, vol. 76(5), pp. 1002 – 11, December.

[19] F. Warren McFarlan, 1984, Information systems research challenge: roceedings. perback, Harvard Business School.

[20] Soubra, Yehia, 1993, "Information Technology and International Competitiveness in Construction Services: Opportunities and Challenges" in UNCTAD, Information Technology and International Competitiveness: The Case of the Construction Services Industry (UNCTAD/ ITD/TEC/6) New York: United Nations 1993, pp. 1 – 42.

[21] James R. Lee, 1993, International Technology and International Competitiveness in Consulting Engineering and Design Services: Perceptions of Firms in the United States, in Information Technology and International Competitiveness: The Case of the Construction Services Industry, New York, United Nations, (UNCTAD/ITD/TEC/6).

[22] Poter. MichaelE, 1998, On Competition, Boston: Harvard Business School.

[23] 李静萍:《影响国际服务贸易的宏观因素》,《经济理论与经济管理》,2002 年第 11 期。

[24] 郑吉昌、周蕾:《影响服务业国际竞争力的因素分析》,《价值工程》,2005 年第 10 期。

[25] 李怀政:《中国服务贸易结构与竞争力的比较》,《商业经济与管理》,2002 年第 12 期。

[26] 郭海虹:《竞争优势理论对我国发展国际服务贸易的启示》,《国际经贸探索》,2002 年第 3 期。

[27] 李伍荣、余慧:《服务业产业内贸易与中国服务贸易的国际竞争力初探》,《现代财经》,2006 年第 11 期。

[28] 郑吉昌、夏晴:《服务贸易国际竞争力的相关因素探讨》,《国际贸易问题》,2004 年第 12 期。

[29] 赵景峰、陈策:《中国服务贸易:总量和结构分析》,《世界经济》,2006 年第 8 期。

[30] 贺卫、伍星、高崇:《我国服务贸易竞争力影响因素的实证分析》,《国际贸易问题》,2005 年第 2 期。

[31] 丁平:《中国服务贸易国际竞争力的影响因素分析》,《世界经济研究》,2007 年第 9 期。

[32] 史自立、谢婧怡:《中国服务贸易竞争力影响因素分析及提升对策》,《经济与管理研究》,2007 年第 4 期。

[33] 杨亚梅:《我国服务贸易国际竞争力的探讨》,《现代经济探讨》,2005 年第 9 期。

[34] 王放:《中国服务贸易的竞争优势分析——基于产业内贸易的视角》,《中国经济评论》,2007 年第 4 期。

[35] 孙俊:《跨国投资与服务贸易比较优势》,《国际贸易问题》,2002 年第 9 期。

第六章　中国引进外资与
税收关系的研究

第一节　我国外资税收激励政策效应分析

改革开放以来,我国利用外资的规模和发展速度举世瞩目。截至 2006 年
9 月底,我国累计吸引外商直接投资超过 6650 亿美元,来华投资的国家和地
区近 200 个,全球 500 强企业已有约 480 家来华投资,我国累计批准的外商投
资企业 581688 家。我国已连续 15 年成为吸引外资最多的发展中国家。我国
能够吸引大量外资,并引进一系列国外先进技术和管理经验,作为吸引外资主
要手段的税收激励政策功不可没。然而税收激励政策并非没有成本,在它运
行二十多年后给我国经济建设带来积极作用的同时,也产生了种种负面效应。
在经济发展的新时期,积极推出"两税合一"后,我国对外资的税收激励政策
及时调整,以提高我国利用外资的质量。

一、我国外资税收激励政策的正效应分析

1. 吸引了大量外商直接投资流入

改革开放初期,利用外资成为弥补国内建设资金不足的有效手段。我国
制定了许多税收激励政策吸引外商来华投资。对外商投资的税收优惠主要包
括减免税、再投资退税、亏损抵补和境外所得已纳税款扣除等。这些直接税收
激励政策无疑吸引了大量外商直接投资。根据联合国贸易发展委员会最新的
世界投资报告,中国已连续 15 年居发展中国家和地区吸引外资的首位。中国
加入 WTO 后,中国吸引的外商直接投资持续增长,2002 年首次突破 500 亿美
元大关,成为世界上吸引 FDI 最多的国家。据统计,2006 年中国吸引了约 630
亿美元的 FDI 实际流入量(如图 6—1)。从图 6—1 可以看出,随着改革开放
程度的逐步加深,我国吸引外资的规模呈持续上升的趋势。

单位：亿美元

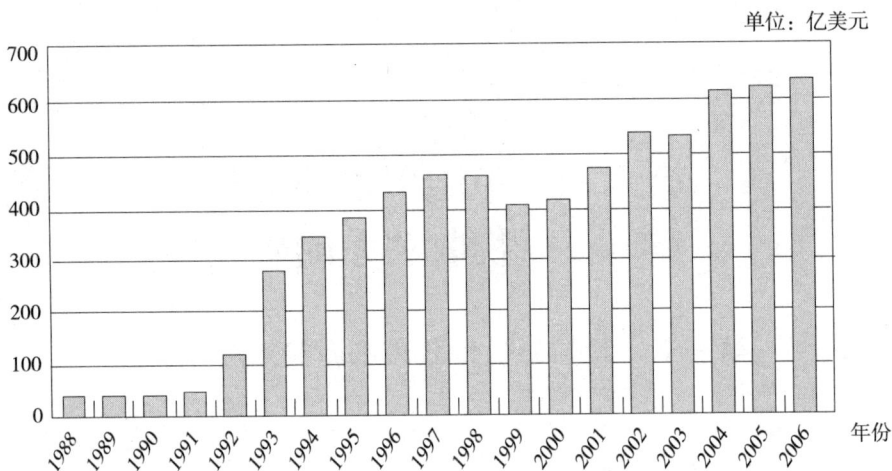

图6—1　中国吸引外商直接投资规模变化

资料来源：根据国家统计局各年《中国统计年鉴》绘制。

2. 提高了企业技术研发能力

在我国的税收激励政策中，外商投资企业在先进技术以及研究开发费用上都有相应的优惠措施，尤其在亚洲金融危机后，我国明显加大了有关鼓励高新技术发展、促进产业结构优化的税收优惠政策的力度。例如，在企业所得税中规定了外商投资企业投资技术密集、知识密集"两个密集型"项目的减按15%低税率征收企业所得税；对技术转让以及与技术转让有关的收入在一定年限内免征所得税；对企业研究开发费用实行优惠扣除等。在增值税中，规定直接用于科学研究、科学实验和教学的进口仪器设备免税。这些激励措施提高了企业的技术含量和研发水平。"两税合一"后，虽然许多涉外税收优惠被取消或者调整了，但新企业所得税法规定，对于国家重点扶持的高新技术企业，减按15%的税率征收企业所得税；开发新技术、新产品、新工艺发生的研究开发费用允许从税前扣除，这将吸引更多的外资企业投资于高新技术产品的研究和开发。从2002年世界500强外资企业的人均研发额比较得出，500强外资企业的人均研发额是我国一般企业的164倍。从制造业的人均研发额比较，500强外资企业的人均研发额是全国制造业企业的30倍，如表6—1所示：

表6—1　世界大型跨国公司投资样本企业2002年研发投资比较　单位:万元

	研发金额	500强投资企业所占比重	人均研发额（元/人）	500强投资企业的倍数
全国	8 956 645	11.03%	121	164
500强外资企业	987 756	100%	19 886	1
全国制造业	4 533 511	15.06%	564	30
500强投资制造业	682 836	100%	17 196	1

3. 促进了对外贸易的发展

为鼓励外商投资出口型企业,促进我国对外贸易的发展,我国原税法规定外商投资举办出口型企业,在依照税法规定的免征、减征企业所得税期满后,凡当年出口产品产值达到当年企业产品产值70%以上的,可以按照税法规定的税率减半征收企业所得税。这一税收激励政策的实施,吸引了外商投资出口型企业,带来了贸易替代效应、贸易创造效应、贸易补充效应和市场扩展效应,增加了我国的外汇储备,促进了我国对外贸易的发展。据统计,从1991年到2004年,我国外贸出口增长12.7倍,其中外资企业贡献占62.4%。商务部的统计资料显示,2006年1~9月,外资企业的进出口贸易额占中国进出口贸易总额的比重达58%,其中进口为59%,出口为57.9%。外商投资企业对我国的进出口贡献显著,其比重呈上升趋势,见表6—2。

表6—2　外商投资企业的进出口对我国进出口的贡献　单位:亿美元

项目 年份	出口总额	FIE出口	比重（%）	进口总额	FIE进口	比重（%）	进出口总额	FIE进出口	比重（%）
1980~1984	1 108.2	4.9	0.44	1 101.3	11.1	1.01	2 209.5	16.0	0.72
1985~1989	1 977.9	94.6	4.78	2 427.8	221.6	9.13	4 405.7	316.2	7.18
1990~1994	4 316.2	971.7	22.51	4 173.0	1 503.7	36.03	8 489.2	2 475.4	29.16
1995~1999	8 612.2	3 528.8	40.97	7 191.4	3 788.6	52.68	15 803.5	7 317.4	46.30
2000~2004	18 724.7	10 022	53.52	17 378	19 595	55.21	36 103.7	19 617	54.33

4. 创造了大量就业机会

外商投资企业通过在国内大量创办新企业和产业关联效应,直接或间接地创造了大量就业机会,有效地缓解了我国人口多而形成的就业压力。据统计,1985年在全国职工人数总额中,外资企业所占比重仅为0.05%,只有

6.06万人;1996年达到3.35%,为527.04万人。据劳动与社会保障部资料显示,2005年年底,我国在外商独资企业、中外合资企业的就业人口超过5000万,成为促进就业的三大支柱之一。另外,劳动与社会保障部作过关于外商直接投资与就业人口的回归模型分析,结论显示,中国利用外资每增加1亿元(人民币),就可以增加0.182万个就业岗位。因而,吸引外商直接投资对缓解我国社会的就业压力起了重要作用。例如美国摩托罗拉公司目前在中国有700多家直接和间接的供应商,这些企业就雇用了15000多人来支持摩托罗拉在华的业务需求。

另外,外商投资企业的工作条件、工资福利待遇均较国内企业为优。大量中国雇员在外商投资企业就业,在一定程度上改善了我国就业质量,特别是外商投资企业的职业培训,为我国培养了大量熟练技工和专门人才。同时,外商对华直接投资主要集中在东南沿海地区,对我国就业区位有一定影响,在解决沿海地区的就业问题和吸纳农村剩余劳动力方面发挥了重要作用。

二、我国外资税收激励政策的负效应分析

1. 超国民待遇引起的不公平竞争

在"以优惠促发展"的指导思想下,为吸引外资的税收激励政策使得外资企业在我国享受了税收上的"超国民待遇"。在"两税合一"没有正式提出以前,我国主要在所得税和关税领域实行内外两套制度,内外资企业虽然名义所得税都保持在33%,但税前扣除项目、折旧速度和减免税等方面仍然存在较大差距,以至近几年来涉外企业的所得税实际负担率不到10%,而内资企业所得税的实际负担率约28%。因此,内资企业的实际负担远远大于外资企业,削弱了内资企业的市场竞争力,不利于我国民族产业的发展。这种税负上的"超国民待遇"使得我国外资税收激励政策的引导效应产生了一定的偏差,已经到了非改不可的地步。新企业所得税法草案将合并后的税率定为25%,这也就是为了公平税负、我国加入WTO后与国际接轨的需要。

2. 区域经济不均衡发展

长期以来我国的税收激励政策具有明显的地域导向性,这与我国改革开放的历程相适应,但客观上却造成了地区间经济发展差距的进一步扩大。外商直接投资85%以上集中在东部沿海地区,70%以上集中在珠江三角洲、长江三角洲和环渤海湾地区,而中西部内陆地区吸收外商投资却很少。这主要

是由于东西部税收优惠政策不平等。1999 年,虽然政府实施了西部大开发战略,采取多方面的政策激励措施鼓励港、澳、台和外国资本投向西部地区,但相对于中部外资的大量增加,外资的"西进"趋势并不明显,进入西部的 FDI 并没有上升多少(如表 6—3 所示)。因而,这种区域性税收激励政策拉大了我国东部地区与中西部地区经济发展的差距,加剧了我国经济发展的不平衡性;从政治上考虑,长此以往,亦可能加剧地区间的贫富差距,给国家的长治久安带来负面影响。

表 6—3 中国三大地带 FDI 的分布

年份	东部地区(％)	中部地区(％)	西部地区
1988～1990	90.71	4.31	4.98
1991～2000	85.73	9.05	5.22
2001	87.01	8.85	4.15
2002	86.64	9.54	3.82
2003	85.73	11.02	3.25
2004	86.08	11.04	2.88
2005	83.53	8.72	7.58

3. 产业导向模糊导致产业结构优化较为缓慢

两税并轨前,我国原涉外税收激励政策缺乏针对性,只是对农林牧等几个行业的特殊优惠进行了粗线条的规划,大多激励措施则不分行业性质,实行一刀切的激励政策。如我国外资企业所得税法规定外资企业在开业后从获利年度起享受"免二减三"或"免五减五"的优惠,而大多数外商投资者希望在尽可能短的时间内收回投资,因而在选择投资项目时,倾向于选择投入周期短,高回报率集中在经营期限前期的项目,借助于减免税待遇可以尽快收回投资并获得高收益。而我国经济急需发展的基础产业和高新技术产业,则由于其投资大、回收期长、风险大等原因而使外资投入数量少。因而,税收激励政策的产业导向模糊,难以有效地引导外资流向我国急需发展的瓶颈产业,这显然不适应我国产业政策的要求。两税并轨后,税收优惠的重点将转向产业税收优惠,但对于具体的产业优惠条款还并未出台。

4. 引资税收激励成本高昂

我国为吸引外资的税收激励政策并非没有成本,它是我国为吸引外商来华投资而让渡的一部分税收收入。由于我国内外两套企业所得税制度并存的"双轨制"模式实施的 15 年间，外资税收激励政策是逐步建立起来的，其层次多、范围广、内容多，有些地方政府擅自越权减免税收，加之相关法律尚有漏洞，为一些追求不正当利益的外资企业逃避税收提供了可乘之机。例如，因"免二减三"优惠期的起算期是企业开始获利的年度，一些大型的跨国公司往往利用各国税收管辖权的不同和税种、税率的不同进行跨国避税，通过转移价格的方式，在购销、资金往来、劳务技术等方面尽可能的把利润转移到其他国家的关联企业，千方百计地推迟获利年度，使得这些外资企业长期在无税负、低税负状态下运行；或者在减免期临近期满时，从原企业中分离出新的外资企业，以继续享受减免税优惠。这种现象严重侵蚀税基，扭曲了税收激励政策应有的引资效应。另外，我国的税收激励工具主要表现为减免税措施，而其激励作用的发挥取决于资本输出国是否实行税收饶让。如果资本输出国不接受这一制度，我国对纳税人减免的税收就会变成资本输出国税收的增加，纳税人并不直接受益。因而，我国为吸引外资所付出的代价是巨大的，税收激励的成本相当高昂。"两税合一"实施后，外资企业的纳税成本提高，一些大型跨国公司更会想方设法逃、避税。一般在外资所得税较低的情况下，外商规避所得税的动机较弱，而在所得税率相对提高之后，其避税的动机可能会加强。因而，即使"两税合一"后，外资企业所得税率调整为 25%，我国高昂税收激励成本是不是会因此而有所下降就要看我国税收激励政策如何进行合理的调整。

第二节　税收优惠对"长三角" 引资效应的实证分析

一、引　　言

自上海浦东新区开放以来，"长三角"地区凭借其雄厚的工业基础、良好的投资环境、优惠的引资税收政策，成为外商直接投资企业尤其是大型跨国公司的重点选择投资区域。2005 年，"长三角"地区利用外商直接投资 277.56 亿美元，占全国吸引外商直接投资总额的 46.01%。外资大量地流入"长三角"地区，作为引资激励手段的税收优惠政策功不可没。然而，引资税收政策运行十几年来，由于未能根据形势进行适时的动态调整，带来了许多负面影响，乃至开始对税收优惠政策的作用提出质疑。那么，引资税收优惠政策对吸引外资流入"长三角"地区是否起到了明显的作用?"两税并轨"后,税收优惠政策的调整是否会削弱"长三角"地区对外资的吸引力?本章将通过实证分析进行检验,并有针对性地对 2008 年"两税合一"后"长三角"FDI 可能受到的影响做出合理预测。

国际上关于税收优惠政策对 FDI 实际影响效果的研究至今尚无明确结论。Root 和 Ahmed[1] 运用计量经济分析评价税收优惠政策,他们对 41 个发展中国家 1966～1970 年的数据进行时间序列分析,按照每年人均 FDI 流入量将这些因素分为三类:无吸引力的国家,有一定吸引力的国家和有高度吸引力的国家。实证结果表明,公司税率是确定三类国家的有效指标之一,而税收优惠不是影响外资的有效指标。而 Samuel Tung 和 Stella Cho(2000)[2] 的研究却得出了相反的结论,他们以中国为数据样本建立模型,论证了税收优惠政策对吸引外资有积极作用。国内关于外资税收优惠政策的研究也很多,但大多局限在定性的对税收政策的作用进行评价,很少从实证的角度进行定量分析。陈利霞和王长义(2005)[3] 通过建模分析,从博弈论的角度简要论证税收优惠的内在激励性。分析表明,实施税收优惠政策的国家尽管存在一定的代价,但仍然存在通过实施税收优惠政策来改变外资流向的内在动力。国内有少量学者用计量分析法研究了税收优惠政策的有效性,通常都将税收优惠政策作为一个虚拟变量放在模型中进行检验,鲁明泓(1997)[4] 运用计量经济模型筛选对 FDI 区位分布有较大影响的决定因素,研究结果显示税收优惠与 FDI 正相关。然而,将名目繁多的税收优惠政策简化为一个虚拟变量难以真实地反映税收优惠政策对 FDI 的作用。

二、实证分析与结果

(一)研究方法和数据样本采集

1985 年,国家开放"长三角"的嘉兴、湖州、苏州、无锡和常州五个城市为沿海经济开放区;1988 年,国务院又发布关于扩大沿海经济开放区的通知,将"长三角"开放区扩大到江苏的南京、镇江、扬州、盐城、南通、连云港和浙江的杭州、绍兴、嘉兴、湖州、宁波、温州、椒江这 13 个城市;1990 年开放上海浦东新区,使其享受区域范围内的税收优惠政策。为了考察区域性的税收优惠政策对吸引外资的有效性,本章采集了广义"长三角"(即两省一市)总共 25 个城市的从 1990 年到 2004 年的面板数据,对比 16 个享受税收优惠的开放城市与未被开放的不能享受税收优惠的 9 个城市（江苏的徐州、淮安、泰州、宿迁和浙江的金华、衢州、舟山、丽水、台州）的 FDI 实际利用情况。本章的数据基本来自中经网统计数据库，部分缺失数据来自各年《浙江统计年鉴》、《江苏统计年鉴》和《上海统计年鉴》，我们最终得到 323 个样本数据。

（二）描述性统计

从表 6—4 可以看出，在 1990～2004 年期间，"长三角"已经实施税收优惠政策的 16 个城市所实际利用的 FDI 远远高于 9 个未实施税收优惠的城市的 FDI 利用值。因而，从对数据的初步统计分析，直观上说明了区域性税收优惠政策的实施确实对吸引外资流入产生了影响。

表 6—4   实施税收优惠政策的城市与未被开放城市 FDI 值比较（1990～2004 年）

单位：万美元

统计对象 ＼ 统计量	均值	中值	最大值	最小值	标准差
实施税收优惠的 16 个城市	54039.81	16090	751000	13	111957.6
未被开放的 9 个城市	2907.76	921	19204	2	4496.39

（三）变量设置和回归模型建立

本章以 FDI 作为被解释变量，并根据相关实证研究的结论，选取一些可能影响 FDI 的因素作为控制变量：经济发展水平、劳动力成本、基础设施状况、税收优惠政策。

（1）经济发展水平。外商直接投资流向应当与当地的经济发展水平正相关，经济增长快，投资环境好的地区往往更加容易吸引外资的流入。地区的人均 GDP 很好地反映了当地的经济发展水平，人均 GDP 越高，说明当地经济基础好，相应的投资回收期短，投资回报率更高。因此，人均 GDP 高的地区应该更加容易吸引外资。本章选取人均 GDP 作为经济发展水平的变量。

（2）基础设施状况。基础设施反映投资环境，外资倾向于流入基础设施较好的地区。由于基础设施的宽泛性与量化的困难性，我们通过代理变量来对其进行间接量化。一个地区的货运总量反映了当地的市场活跃程度，同时也说明当地物流、交通运输服务及各种生产配套设施的完备性与融合性，因此我们采用货运总量作为基础设施的代理变量。

（3）劳动力成本。劳动力成本也是外资所考虑的重要因素。从中国工业化的进程中我们可以发现，制造业正在向中国内陆城市转移，而廉价的劳动力资源则是这一趋势的动力之一。我们用城镇职工平均工资来反映劳动力的成本。

（4）税收优惠政策。税收优惠政策可以说是影响外资流向的一个重要变量，通常情况下税率越低，外资流入越多。在我们所做采集的数据当中，上海的外资企业所得税税率为15%，除上海以外其他15个开放城市外资企业所得税率为24%，而江苏与浙江的其他9个未开放城市外资企业所得税率为33%。

结合上述影响因素，本章采用面板数据（panel data）模型，将模型简略地表达为：FDI = f(avgdp,avwag,hy,tax)，具体表达式为：

$$\ln FDI_{it} = \beta_0 + \beta_1 \ln avgdp_{it} + \beta_2 \ln avwage_{it} + \beta_3 \ln hy_{it} + \beta_4 \ln tax_{it} + \mu_{it}$$

式中：$\ln FDI_{it}$ 表示第 t 年 i 个城市的外商直接投资额；$avgdp_{it}$ 表示第 t 年 i 个城市的人均 GDP；$avwage_{it}$ 表示第 t 年 i 个城市的城镇职工人均工资；$\ln hy_{it}$ 表示第 t 年 i 个城市的货运总量；$\ln tax_{it}$ 表示第 t 年 i 个城市的外商投资企业所得税税率；μ_{it} 表示随机误差项；β_0 表示截面单元的个体特性；β_i（i = 1,2,…,6）是待估参数。为消除异方差影响，我们在估计之前对各数据进行了对数处理。

（四）模型估计结果及分析

本章使用 Eviews 软件根据模型代入相关数据，通过技术 D-W 值进行自相关检验，回归分析结果如表6—5所示：

表6—5　模型回归结果

变量	OLS 估计值	cross section weights 估计值
c	− 0.958142	− 1.343535
avgdp	2.027117***	2.166735***
avwage	− 0.321648	− 0.452336***
hy	0.424511***	0.425669***
tax	− 3.171727***	− 3.101695***
R^2	0.794566	0.963942
调整后的 R^2	0.791982	0.963489

注：* 表示在10%的显著水平下显著，** 表示在5%在显著水平下显著，*** 表示在1%在显著水平下显著。

　　表 6—5 给出的是模型估计结果,第二列是普通最小二乘给出的结果,第三列是假设出现截面异方差时进行的广义最小二乘估计。从表 6—5 中我们可以看出,进行广义最小二乘估计之后的模型 R^2 与调整后的 R^2 都有很大的提高,表明模型对数据的拟合程度很高;同时各解释变量的显著水平也很高,都通过了显著性水平 1% 的检验。无论是 OLS 估计还是 GLS 估计,*tax* 的估计系数都是负的,说明所得税率越低,外商享受的税收优惠越多,所吸引的外商直接投资也越多。考虑到本章的税收优惠变量是以对数形式进入模型的,因此由税收优惠政策所引起的实际外资增加额要大得多。因此我们得出结论,税收优惠政策对外资流入"长三角"地区有显著影响,引资税收优惠政策是有效的。

　　回归还提供了一些其他有益的结果:lnavgdp 的系数也非常显著,T 值较高,说明地区的经济发展水平、市场容量等也是影响 FDI 区位选择的一个重要因素;基础设施部分的货运总量的回归结果也较为显著,说明地区的基础设施建设也是影响 FDI 区位选择的一个因素。工资系数为负,说明工资越低的地区对 FDI 越有吸引力。这说明了外资倾向于流向经济发展水平较高、交通运输水平比较发达、劳动力成本较低、企业所得税税率较低的城市地区。

三、结论与政策建议

1. 正确评价税收优惠政策的引资效果

　　上述实证分析表明,我国改革开放以来所实施的税收优惠政策对"长三角"地区吸引 FDI 确实起到了明显的作用。"长三角"地区沿海开放城市外资的大量涌入、经济的高速发展是与税收杠杆有力作用密不可分的。但税收优惠并非没有成本,在十几年来外资给"长三角"地区经济建设带来积极作用的同时,由于未能随经济形势进行适时调整,也产生了很多负面影响。前面实证分析表明,除税收优惠这个变量外,经济发展水平、良好的基础设施和廉价的劳动力成本都是影响外资流入的一个重要因素。事实上,许多外商投资企业尤其是大型跨国公司进入"长三角"地区,看重的已经不仅是"长三角"地区的涉外税收优惠环境,而是更看重其便利的地理区位优势、低廉的劳动力成本、高素质的人力资源队伍、"长三角"独特的产业集群以及外商投资所需要的软、硬环境等其他有利条件。

2. 改善引资税收环境,提高引资质量

　　"长三角"的引资战略应该在"两税合一"的同时进行适时调整,逐步由过去单纯的重视数量的"引资"阶段向重视质量的"选资"阶段转化,切实提高利用外资的质量。"长三角"引资税收政策调整的取向,应该是在"两税合一"的大方向下,以服务于引资战略调整为基本宗旨,以提高引资质量为导向调整"长三角"引资税收政策,限制和消除不合理的地方税收竞争,适时开征环境保护税,改善"长三角"的引资税收环境。同时,辅之以改善投资环境为目标的配套措施,使"长三角"地区在"两税合一"之后继续发挥其招商引资的强大引力,不断提高利用外商的质量和水平。

　　3. 调整税收优惠政策导向

　　在"两税合一"的新企业所得税法中,税收优惠政策的重点已由区域税收优惠为主转为产业优惠为主,基本已取消区域性税收优惠,但为缓解新税法对部分老企业增加税负的影响,对老的外资企业做出了 5 年过渡优惠期安排。笔者认为,取消区域性税收优惠后,基于政策的连续性、稳定性及政治因素考虑,在一段时期内,仍应该继续发挥五个经济特区(尤其是深圳)和上海浦东新区等地区招商引资的窗口示范作用。"长三角"地区所吸引的外资很大部分属于资本密集型和技术密集型,即使取消了区域性的税收优惠政策,"长三角"地区仍然可以转而享受产业性税收优惠,通过改善其投资环境,"长三角"仍然可以发挥其招商引资的强大引力。

第三节　外商直接投资与我国税收收入的实证分析

一、引　　言

　　从 1980 年到 2007 年,我国的税收收入从 571.1 亿元增长到 49442 亿元,是 1980 年的 86 倍以上,税收收入占 GDP 的比重也从 1980 年的 12.6% 上升到了 2007 年的 20%。作为一个重要的经济总量,税收收入的增加除了有赖于国家财政职能的增强和税收制度的完善之外,主要还是国民经济水平的提高为税收收入增长奠定了稳固的基石。改革开放三十年以来,我国国民收入一直保持稳定增长,尤其是 20 世纪 90 年代后期至今,GDP 的年增长率一直保持在 10% 以上,中国成为世界上经济增长势头最为强劲的国家之一。许多学者都认为,中国能取得这样的成就,归功于经济系统的市场化和外国直接投资(FDI)的流入。1980 年流入我国的 FDI 仅为 1.60 亿美元,经过 20 多年的发展,中国在 2003 年成为世界上除美国之外引进外资最多的国家。2006 年,中国引入外资量突破 700 亿美元,2007 年吸收外资额为 826.58 亿美元。到 2007 年年底,中国共吸收外商直接投资 7800 亿美元,外商直接投资对 GDP 的贡献率超过 40%。在过去 20 多年的经济改革中,FDI 在资本形成、促进全要素生产力的提高、对国内企业正的溢出效应、创造就业机会以及创造税收等方面发挥了非常重要的作用。那么,我国迅速增长的 FDI 对创造税收究竟存在多大作用? 反过来,税收收入是否也对 FDI 流入起到同样的促进作用呢? 本章的目的就在于探究 FDI 和税收收入的相互关系。

以往的研究多集中在税收政策和 FDI 总量的关系分析上,尤其是指税收激励吸引了大量外资进入我国。外国学者对税收关于外国直接投资的量化分析主要采取相关性分析的方法。费尔德斯坦(Feldstein)用平均有效税率方法对激励进行评价,他认为净投资取决于资本税后真实收益率,税后真实收益率取决于有效税率。斯莱姆罗德(Slemrod)探讨了平均有效税率与流入的外国直接投资之间的关系,发现其为负相关关系。哈特曼(Hartman,1984)[5] 使用 1965 ~ 1979 年的年度数据,估计了外国直接投资(包括由保留利润融资的投资和从国外转移来的投资)对以下三个变量的敏感性:美国的外国投资者实现的税收收益率、外国资本总体税后收益率以及外国人拥有的美国资本的税率与美国投资者拥有的美国资本的税率之比。他的回归分析表明,两个税后收益率变量均与保留收益率再投资形成的外国直接投资与美国国民生产总值(GNP)之比率有正相关性;FDI/GNP 比率同外国人拥有资本与美国人拥有资本的相对比率之间是负相关关系;三个变量的系数均有预期的正号和足够大的绝对值。哈特曼的结论是:无论投资资金来源如何,税收对外国直接投资的影响都很强。德弗罗和弗里曼(Devereux& Freeman,1995)[6] 使用资金成本的测定方法,估计了 1984 ~ 1989 年间税收对 7 个国家之间 FDI 流动的影响,发现税收对资本是选择在国内投资还是国外投资的决策的影响并不显著,但是税收却影响了 FDI 的区位选择。

国内学者较少有文章对 FDI 对税收收入的贡献进行研究,但是很多学者都对税收收入增长因素进行了分析。窦清红、张京萍(2001)[7] 从投资、消费和进出口贸易三个方面分析了它们对税收增长的作用,但是并没有严格区分投资和 FDI 对于税收效应的不同影响。王佳、詹正华(2006)[8] 利用 Eviews 软件对税收税率高低及其导致的外资进入量的面板数据进行了实证的统计分析,得出税率与外商直接投资成反比,对外商直接投资实行税收减免是有效的。江西财经大学的温治明(2005)[9]针对我国东、中部地区,用回归方程对FDI与财政税收的相关系数作出了计算,他的结论主要表明东部地区FDI利用效率较高,中部地区FDI对增值税的贡献远低于东部地区FDI对增值税的贡献。

以往的文献虽然数量较多,但是研究视角并不宽泛,多数是税收政策对于FDI的激励作用的研究,对FDI对于税收收入作用的分析并不详尽,同时缺乏实证数据的支持。因此,本章试图在前人研究的基础上,为FDI对税收的作用做一个量化分析,探究FDI是否对税收收入存在拉动作用。

二、基于IS—LM模型框架内的FDI变动对税收的影响

(一)FDI的变动导致IS—LM框架内新的国民收入均衡

为了说明税收收入受到FDI影响的过程,本章利用IS曲线推导出二者的变动关系。IS曲线是产品市场均衡时,各种水平的利率与收入的组合点。在它的推导过程中,通常采用四象限法,但是因为本章的分析只考虑它的移动,因而省略了第三和第四象限的图像。在分析IS曲线的移动时,有一种情况是在利率水平不变的前提下,投资发生变动,投资需求曲线的移动导致IS曲线的移动。由于本章讨论的是FDI的变动,因此投资需求曲线就是指的FDI曲线。如图6—2,初始FDI曲线为I_1,产品市场上的初始均衡用IS_1表示。由于种种原因(比如技术革新、外国厂商对经济前景预期乐观等),在原有的利率水平上FDI需求增加了,如图6—2由it增加到is,导致FDI曲线向左上方移动至I_2。在其他条件不变的情况下,会使IS_1曲线也向右上方移动至IS_2。那么,由于IS曲线的移动,我们可以看出,由原来利率水平决定的国民收入Y增加了。

此时,国民收入的决定由变动后的IS_2曲线和原来的LM曲线共同决定。原来的Yt向右移动到Ys。国民收入增加后,货币市场和产品市场同时达到了新的均衡点E。

(二)国民收入增加导致不变税率下的税收收入增加

现在,将税收作为一个变量引入原来的Y－r产品市场。税收$T = T_0 + tY$。虽然我国各种税收的税率不同,采用的是累进税制,但是我们仍然按照西方经典经济学理论的做法,把它作为一定的比例所得税率列入外生变量的范

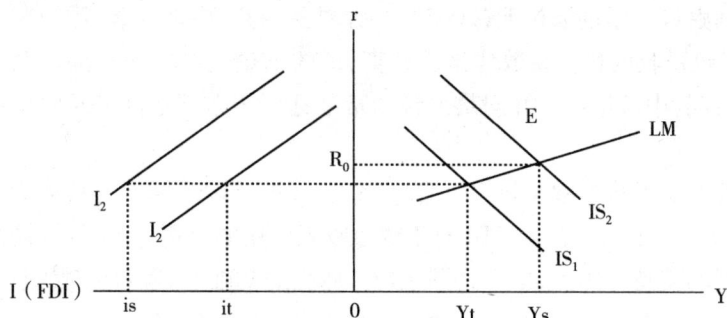

图6—2　FDI 变动使 IS 曲线移动

畴。由此,我们可以得出税收和国民收入之间的关系图像,如图6—3。

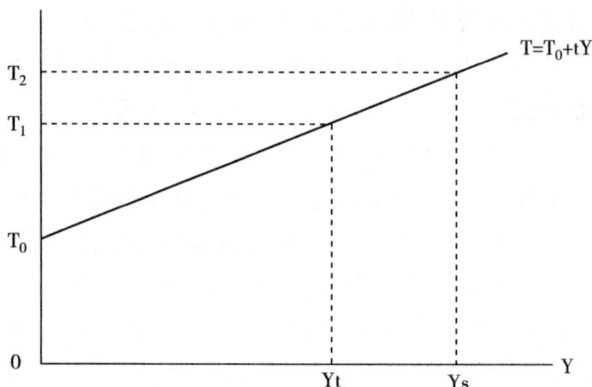

图6—3　税收收入随国民收入变动而变动

当国民收入增加,使图6—3中横坐标上作为自变量的 Y 发生了变动,沿着税收曲线,按图6—2相同的变动幅度,由 Y_t 增加到 Y_s。因为比例所得税率 t >0,因变量税收 T 同国民收入发生正向变动,由 FDI 发生变化之前的 T_1 移动到 T_2。税收增加量 $\triangle T = T_2 - T_1$。这样,通过 IS 模型的变形,FDI 对税收收入的影响方式可以用图形直观地表示出来。

对于国民收入如何促使税收收入的增加,可以从两方面来进行:一是税收弹性系数,二是税率的高低水平。

从税收弹性系数来看,税收与 GDP 存在着较强的相关性。所谓税收弹性主要是指税收收入变化率与经济增长率(通常用 GDP 变化率来表示)之比。用 ΔT 代表税收收入变化量,ΔX 代表 GDP 变化量,则 $Et = \Delta T/T \div \Delta X/X$ 即为税收弹性。当 Et < 1 时,称为税收缺乏弹性,说明税收收入增长速度慢于 GDP 增长速度。当 Et = 1 时,称为税收单一弹性,说明税收与经济同步增长。当 Et > 1 时,称为税收富有弹性,说明税收收入增长速度快于 GDP 增长速度,税收参与经济分配的比重有上升趋势。因此,在一国财政收入主要依赖于税收的情况下,为保证财政收入的正常增长,满足政府履行各项职能的需要,税制设计应使税收增长速度略快于经济增长速度,即 Et 必须大于或至少等于 1。在这种情况下,GDP 的增长能够较大地刺激税收收入增长,可以保证政府履行职能,从而为经济增长提供良好的外部环境。

从税率高低水平来看,宏观税率的高低影响税收收入与经济增长。美国供应学派的代表人物阿瑟·拉弗提出了著名的"拉弗曲线"理论。拉弗曲线是对税率、经济增长、税收收入三者关系的一种描述,这种描述的重要贡献在于寻求最佳税率点,力求使税收收入与经济增长都达到最大化。拉弗曲线的理论意义在于:税率不仅影响税收,而且也影响产出,影响经济增长。税率水平必须适度,既要寻求一个最佳税率点,力图取得尽可能多的税收收入,又不阻碍经济发展。较低的税率虽然在同时期内不及高税率获得的税收收入多,但是在长期内有利于保证税收收入的稳定增加,税制的改革和税基的扩大有利于从增长的 GDP 中获得更高的税收额和税收效应。而高税率虽然在短期内可以增加税收,但会挫伤纳税人的积极性,对经济增长不利,使 GDP 的增长不能够持续、稳健地为税收带来正面效应,反而可能导致偷税漏税的现象,影响到税收收入作用的正常发挥。

三、FDI 对税收收入影响的实证分析

(一)数据来源和整理

FDI 对税收收入的推动作用是指单位外商直接投资的变动引起单位国民税收收入量的变动率。本章以我国 1980 ~ 2006 年历年的 FDI 与税收收入数据作为研究样本,所有数据均经过价格和汇率调整。由于 FDI 对税收收入的作用可能分布在投资之后的各期,所以本章分析利用分布滞后模型对税收和 FDI 来做 OLS 估计,自变量为 FDI,因变量为税收收入 TAX。数据来源于 2007 年《中国统计年鉴》、国家税务总局网(www. chinatax. gov. cn)、中华人民共和国国家统计局(www. stats. gov. cn)各年的年度统计公报。

(二)变量数据与模型构造

1. 时间序列的稳定性

如果一个时间序列 Y_t 满足:(1)对任意时间 t,其均值恒为常数;(2)对任意时间 t 和 s,其自相关系数只与时间间隔 t－s 有关,而与 t 和 s 的起始点无关,那么就是平稳时间序列。平稳时间序列的散点图表现为各观测值围绕其均值上下波动且均值与时间 t 无关。现实中,常见的时间序列多具有某种趋势,为非平稳时间序列,其均值或自相关系数将随时间 t 改变。如果序列 Yt 非平稳,经过 d 次差分后平稳,这样的序列被称为 d 阶单整(Integration),记为 I(d)。

2. 单整的 ADF 检验

为了检验 FDI 和税收收入两列时间序列的平稳性,本章先采用单位根检验(unit root test)中运用最广泛的 ADF(Augmented Dickey-Fuller)检验来进行考察。

对 FDI 和 TAX 进行 ADF 单整检验,检验分析模型是:

$$\Delta Y_t = c + \delta t + \gamma Y_{t-1} + \xi i \sum \Delta Y_{t-i} + \varepsilon_t$$

ε_t 服从一平稳过程。检验假设是 $H_0 : \gamma = 0$, $H_1 : \gamma \pi 1$。在序列存在单位根的零假设下,由给定的样本构造统计量 t,计算 t 的实际值,并与临界值相比较,若实际值为负且绝对值大于临界值绝对值,拒绝单位根假设,接受备择假设,即数据是平稳的;如果实际值大于临界值,则接受单位根假设,数据为非平稳的。由于实际 FDI 与税收收入的变化趋势图类似于指数曲线,而且数据取对数后不改变原来的协整关系,因此本章中对 FDI 和税收收入 TAX 作了对数变换,即分别为 lnFDI,lnTAX。单位根检验结果如表 6—6:

表 6—6　ADF 单位根检验结果

变量	检验形式(C,T,K)	ADF 统计量	Mackinnon 临界值(1%)
lnFDI	(1,1,0)	－3.156898	－4.3552
lnTAX	(1,1,0)	－0.943514	－4.3552
ΔlnFDI	(1,1,0)	－4.553623	－4.3738
ΔlnTAX	(1,1,0)	－5.832024	－4.3738

注:检验形式(C,T,K)分别表示检验是否包括常数项、时间趋势和滞后阶数,加入滞后阶数是为了使随机误差项为白噪声。Δ 表示一阶差分。

由表6—6可知,在1%的显著性水平下,lnFDI和lnTAX的T统计量绝对值均小于Mackinnon临界值,因此原假设被接受,即lnFDI和lnTAX是非平稳序列。对其进行一阶差分后,T统计量绝对值小于Mackinnon临界值,表明至少可以在99%的置信水平下拒绝原假设,这说明经过一阶差分得到的时间序列ΔlnFDI和ΔlnTAX都是平稳的,不存在单位根。

综上,非平稳时间序列lnFDI和lnTAX经过一阶差分后平稳,所以是一阶单整序列,即I(1)序列。这样,lnFDI和lnTAX可能存在协整关系,即长期稳定的比例关系。

3. 协整关系检验

目前两种最常用的协整检验方法是Engle和Granger(E—G)的两步法和Johansen和Juselius(JJ)的极大似然法。E—G的两步法适应于单方程的协整检验,且E—G两步法还存在许多问题,而JJ法不仅能检验出变量之间是否存在协整关系,而且可准确确定出协整向量个数,并且有较好的小样本特性,因而本章使用JJ法进行协整检验。使用JJ法建立VAR模型对滞后期的选择比较敏感,所以采用AIC准则来进行确定最佳滞后期。在滞后期数确定之后,再对协整中是否具有常数项和时间趋势进行验证,然后再对数据进行协整测试。表6—7是对lnFDI和lnTAX进行Johansen检验的结果。

表6—7 税收和FDI协整性的Johansen检验

最大特征值	Likelihood Ratio	5 Percent Critical Value	1 Percent Critical Value	Hypothesized No. of CE(s)
0. 649960	21. 61860	15. 41	20. 04	None**
0. 030741	0. 624467	3. 76	6. 65	At most 1

注:1. LR统计量(似然比统计量)21. 6186 > 20. 04, **表明在1%的显著性水平下拒绝原假设,即ln-FDI和lnTAX之间至少存在一个协整关系。

2. 协整关系的滞后期数为6。

上述两种情况中,第一种情况下的似然比大于临界值,按照LR检验的基本原则,因此可以拒绝第一种情况下1%、5%显著性水平下的原假设,即lnF-DI和lnTAX之间至少有一个协整方程,这说明变量通过协整检验,它们之间存在长期均衡关系。两者的长期均衡关系为:

$$lnTAX = -12.03973 + 1.065729lnFDI$$

4. 动态关系的确立

协整检验虽然告诉我们税收与 FDI 之间存在着动态平衡关系,但并没有说明这两者相互影响的顺序和数量关系。Granger 因果关系检验可以反映两者的影响顺序,而误差修正模型则可以反映两者动态数量上的影响,所以,可以运用它们来确定税收与 FDI 之间的动态关系。

(1)Granger 因果关系检验

下面运用 Granger 因果关系检验法对税收与 FDI 关系进行检验,结果见表 6—8。

表 6—8　lnFDI 和 lnTAX 的 Granger 因果关系检验结果

原假设	滞后期	F 统计量	显著性概率	结论
lnTAX 不是 lnFDI 的 Granger 原因	3	4.39904	0.01828	拒绝 H_0
lnFDI 不是 lnTAX 的 Granger 原因		0.11495	0.95013	接收 H_0
lnTAX 不是 lnFDI 的 Granger 原因	4	2.71191	0.07311	拒绝 H_0
lnFDI 不是 lnTAX 的 Granger 原因		0.10461	0.97901	接收 H_0
lnTAX 不是 lnFDI 的 Granger 原因	5	2.22120	0.12544	接收 H_0
lnFDI 不是 lnTAX 的 Granger 原因		2.66101	0.08182	拒绝 H_0
lnTAX 不是 lnFDI 的 Granger 原因	6	1.29541	0.35737	接收 H_0
lnFDI 不是 lnTAX 的 Granger 原因		6.23326	0.01068	拒绝 H_0

因为投资带来的效应需要一定时间通过乘数机制反映到产出的增加上,在短期内(1—2 期,即一到两年内),税收收入和 FDI 两者互为因果的关系并不明显,都没有通过 Granger 因果检验。在中长期检验中可以看到,在滞后第 3 和第 4 期税收是 FDI 变动的 Granger 原因,但 FDI 变动不是税收变化的 Granger 原因,说明在这段滞后期内外商直接投资对税收增加的影响十分有限。在滞后第 5 和第 6 期,FDI 是税收变动的 Granger 原因,而税收变动不会 Granger 导致 FDI 变化,这说明 FDI 的流入在长期内会显著引致税收收入的增加,而税收收入在相对更长的时期内仍然会吸引 FDI 进入我国。这可以理解为税收收入的增加在长期内有利于改善我国的基础设施条件,这也是外商考虑在我国进行投资的一个重要因素。

(2)误差修正模型(ECM)的建立

以 lnFDI 为因变量,存在一个误差修正项,对税收和 FDI 建立误差修正模型为:

$$lnFDI = 0.439369 + 0.865455lnFDI_{t-1} - 0.263073lnFDI_{t-2} - 0.898927lnFDI_{t-3}$$
$$+ 0.827153lnFDI_{t-4} - 0.442487lnFDI_{t-5} + 0.282921\ lnFDI_{t-6}$$
$$- 3.662302lnTAX_{t-1} - 0.1632377lnTAX_{t-2} + 0.119459lnTAX_{t-3}$$
$$- 0.089385lnTAX_{t-4} + 1.091303lnTAX_{t-5} + 0.079011lnTAX_{t-6}$$
$$+ 0.243986e_{t-1}$$

式中,e 是误差修正项,反映了 FDI 和税收收入偏离它们长期均衡关系的程度,0.243986 说明税收收入每波动 1%,FDI 就会偏离长期均衡关系 0.243986%。从上述公式并结合 Granger 因果的检验结果可以看出,税收收入在较短的滞后期内(第 3 期和第 4 期)对 FDI 的影响是显著的。在数量上,第 3 期前的税收收入每增加 1%,会使本期 FDI 增加 0.119459%;第 4 期前的税收收入每增加 1%,会使本期 FDI 减少 0.089385%。可见,税收收入上升对 FDI 的作用有一个较长的滞后期,第 3 期和第 4 期以后的税收收入增加对 FDI 的作用是显著的,但并不一定都是正的,也可能为负,因为税收优惠和税制的变动可能抑制到 FDI 的流入,但这种效应是不确定的。

同理,以 lnTAX 为因变量,存在一个误差修正项,对税收和 FDI 建立误差修正模型如下:

$$lnTAX = 0.051808 - 1.428892lnTAX_{t-1} - 0.412673lnTAX_{t-2} + 0.171421lnTAX_{t-3}$$
$$+ 0.601795lnTAX_{t-4} + 0.561611lnTAX_{t-5} - 0.004269lnTAX_{t-6}$$
$$+ 0.222826lnFDI_{t-1} - 0.19564lnFDI_{t-2} + 0.07663lnFDI_{t-3}$$
$$+ 0.025971lnFDI_{t-4} + 0.103092lnFDI_{t-5} + 0.122526lnFDI_{t-6}$$
$$+ 0.174745e_{t-1}$$

式中,e 是误差修正项,反映了税收收入和 FDI 偏离它们长期均衡关系的程度,0.174745 说明 FDI 每波动 1%,则税收收入就会偏离长期均衡关系 0.174745%。上述方程显示,FDI 对税收收入的影响极为显著,尤其是第 5 和第 6 期,这也验证了 Granger 因果检验是有效的。这种影响是长期的,在数量上,第 5 期前的 FDI 每增加 1%,会使本期税收收入增加 0.103092%,第 6 期前的 FDI 每增加 1%,会使本期税收收入增加 0.122526%。从上述两个误差修正模型中可看出,FDI 与税收收入之间存在着动态均衡关系。

(三)实证分析结论

根据上面的回归方程,我们可以得出以下基本结论:

第一,虽然我国的 FDI 和税收收入时间序列都是非平稳序列,但它们两者的线性组合却是平稳的并存在着协整关系,也就是说,它们二者之间存在着长期均衡的关系。

第二,我国 FDI 和税收收入的动态关系不是平衡发展的,发挥作用的年限不太一致。税收对 FDI 的刺激和拉动作用能够在更短的年限内体现出来,这不仅仅因为税收的快速增长具有更快的社会效应和福利效应,比如税收的利用可以改善基础设施条件和加大政府转移支付,从而改善投资条件与环境,刺激居民消费,加速 FDI 的流入,并引起流入量的增长。同时,税制改革和对外资的税收优惠也可能为外资带来更大的激励。但是,因为这个因素不是确定的,所以对 FDI 的效应也可能不明显或出现负值。另一方面,FDI 对于税收收入的作用在较长的年限内仍有正的效应,因为投资的乘数效应在通过国民收入反馈到税收收入上的时间相对更长,但是这种效应更为稳定。

第三,外商直接投资直接效应在不同年度贡献程度是不同的。有些年份贡献率较高,如 20 世纪 80 年代中期和 90 年代初期,这主要是由于这些年份里外商直接投资流入量增长较快,从而引起外商直接投资的存量增长速度较快。有些年份贡献率甚至出现负值,如 1999 和 2000 年,主要因为这两年受世界经济增长放缓影响,FDI 全球的流量都出现大幅度下降,中国 FDI 存量出现了下降。FDI 的流入量比起税收来说,影响因素更多,不确定性更大,因此,这提醒了我们在引进 FDI 的同时,要注重自身的自主发展,从自身税制结构上入手来真正提高税收收入,避免对 FDI 有过度依赖。

参 考 文 献

[1]Root. F. , Ahmed. A. The Influence of Police Instruments on Anufacturing Direct Foreign Investment in Develpoing Countries. In: Journal of International Business Studies, 1978, 9(3).

[2]Tung, Samuel and Stella Cho, The Impact of Tax Incentives on Foreign Direct Investment in China[J], Journal of International Accounting, Auditing &Taxation, 2000, 9(2):105 – 135.

[3]陈利霞、王长义:《浅析利用税收优惠政策吸引 FDI 的激励机制——基于博弈模型的分析》,《商场现代化》,2005 年第 10 期。

[4]李宗卉、鲁明泓:《中国外商投资企业税收优惠政策的有效性分析》,《世界经济》,2004 年第 10 期。

[5]Hartman, David G. Tax Policy and Foreign Direct Investment in the United States[J]. National Tax Journal. 1984. 22 – 25.

[6]Devereux, M. P. and Freeman. The Impact of Tax on Foreign Direct Investment: Empirical Evidence and the Imprecations for Tax Integration Schemes [J]. International Tax and Pub2 Finance. 1995. 28 – 32.

[7]窦清红、张京萍:《影响我国税收收入增长的因素分析》,《税务与经济》,2001 年第 6 期,第 1~4 页。

[8]王佳、詹正华:《我国 FDI 税收效应的实证分析》,《商场现代化》,2006 年第 11 期,第 45 ~46 页。

[9]温治明:《FDI 对中部地区财政税收的贡献存在问题和对策》,《企业经济》,2005 年第 12 期,第 168 ~ 169 页。

第七章 中国引进外资与
环境保护政策

吸引外资,带动出口和国内相关产业的发展是改革开放以来我国促进经济增长的基本战略思想。但随着我国面临的国内外环境变化和我国对外开放的进一步扩大,这一战略的某些弊端也逐步显现,特别是吸引外资与保护环境之间的矛盾日益突出,是继续吸引外资还是加强环境管制成为中央和地方政府的两难选择。一方面,在没有完善的环境保护政策条件下,不断扩大的外商直接投资加剧了环境污染;另一方面,放松环境保护政策也无形中成为一些地区争夺外资的"筹码",从而进一步加剧了环境问题。本章将对引进外资与环境保护政策之间的关系进行深入研究,以环境管制的效应为基础,利用国际要素流动理论构造一个引入了环境管制影响的地区资本流动模型,以此探讨环境管制对 FDI 区位选择影响的作用机制,并通过计量方法进一步分析环境管制对 FDI 区位分布的影响,促进吸引外资和外资区位分布的均衡健康发展。

第一节 国内外研究状况

一、环境管制的经济效应研究

有关环境管制经济效应的研究主要集中在环境管制对企业以及产业竞争力影响方面。传统观点认为环境管制削弱了国家和企业在国际市场上的竞争力,对竞争力产生消极影响。政府对企业实行环境管制,企业为了达到环境标准,满足"合法性"要求而消除污染和减少环境破坏必然发生额外的成本,导致企业生产成本的增加,增加了企业的负担,使企业在激烈的市场竞争中失去优势;同时,在有限的资源约束下,环境管制挤出其他更具潜在效率的投资或是创新途径而损害企业竞争力,不利于企业的发展(Walley 和 Whitehead,1994)[1]。

而另一种观点则认为环境管制并不必然地降低企业竞争力，环境管制有利于企业获得"先动优势"和"创新补偿"，这就是著名的"波特双赢假设"（Porter,1991[2]）。Porter 认为，恰当设计的环境管制可以激发被管制企业创新，相对于不受管制的企业，这可能会产生绝对竞争优势，从而会提高企业的收益；相对于管制标准较低的国外竞争者而言，环境管制通过刺激创新可对本国企业的国际市场地位产生正面影响。Christmann（2000）[3]认为，企业可以通过改变生产工艺、完善产品设计等有效措施降低生产成本从而增加收益。曲如晓（2001）[4]认为，政府通过严格的环境政策可以使企业在国际贸易中获取竞争优势。傅京燕（2002）[5]指出，企业可以根据消费者的偏好以及需求弹性的差异，通过实行差异化策略来增加利润，从而获取竞争优势。

Simpson 和 Bradford（1996）[6]却指出，环境管制的影响取决于被管制行业的具体特点，行业不同，影响也不同，而且理论上也不太可能精确估计这种影响。Sartzetakis 和 Constantatos（1995）[7]用一个国际寡头模型分析，在古诺—纳什均衡下，用排污许可证交易体系的企业与用命令和控制方法的企业相比拥有较大的市场份额，企业竞争力的高低不仅与环境管制措施的松弛程度有关，而且还取决于环境管制的形式。Porter 和 Vander Linde（1995）[8]指出，之所以有环境管制降低国际竞争力的观点，主要是观察问题时所采取的静态方法。如果进行动态分析，由于环境管制会刺激创新，所以严厉的环境管制是完全有可能提升一国企业的收益，从而提高其国际竞争力的。并且 Eliste 和 Fredriksson（1998）[9]为此观点提供了理论支持。他们的模型显示，环境质量需求的增加将导致两个政策变量即污染税和生产补贴的同时增加。通过游说，污染者可能得到补偿，以弥补其在新管制标准下增加的支出。结果，企业收益增加，竞争力不降反升。

二、外商直接投资区位决定因素的研究

以外商直接投资为对象的理论研究始于 20 世纪 60 年代,其核心内容是跨国公司 FDI 的动因、决定因素和条件。主要沿着两个基本思路展开：一是在完全竞争市场假定前提下的传统国际直接投资理论,以新古典经济学的资源禀赋理论和国际分工比较优势理论为基础,其核心思想是生产要素的最优配置是国际资本流动的根本原因。二是以不完全竞争市场为前提,在新产业组

织理论和科斯的交易成本理论基础上,形成了以海默为代表的垄断优势理论(Aliber,1970[10];Hymer,1976[11])和内部化理论(P. J. Buckey&M. Casson,1987)[12]。英国学者 Duning(1977)[13]在综合垄断优势理论、内部化理论和区位理论基础上,建立了国际生产折衷理论(Ownership-Internalization-Location Paradigm,简称 OIL 范式),强调企业只有同时具备所有权优势、内部化优势和区位优势,才会选择对外直接投资,其中区位优势是 FDI 的充分条件。20 世纪 80 年代,克鲁格曼的[14]"新经济地理学"兴起,他运用地理集中模型说明了集聚效应对厂商生产区位的影响。

以上述理论为基础,FDI 区位选择的实证分析渐成为国内外学者研究的热点。众多学者(鲁明泓,1997[15];贺灿飞,1999[16];李立新、金润圭,2002[17];孙俊,2002[18];杨晓明,2005[19];徐康宁、王剑,2006[20]等)采用不同的计量方法及指标样本检验了影响 FDI 区位选择的因素,这些因素包括市场规模、地理区位、投资政策、基础设施、劳动力市场条件、集聚效应、产业结构等。

三、环境管制与外商直接投资区位的研究

目前,关于利用外资与环境保护的研究主要集中在两个方面:一方面是利用外资的环境效应研究;另一方面是研究环境管制对引进外资的影响。

关于利用外资的环境效应,一种观点认为,FDI 可以使发展中国家采用新技术,促使其实现清洁生产,从而有利于环境保护(Frankel,2003)[21]。而另一种观点则认为,FDI 刺激经济增长,将带来更多工业污染,环境恶化(Jensen,1996[22];World Bank,2000[23])。

而关于环境管制对引进外资的影响,一种观点认为,环境管制不是影响 FDI 及其区位选择的决定因素。根据邓宁的"国际生产折衷理论"和克鲁格曼的"新经济地理学"理论,影响外资区位分布的因素主要有市场规模、地区资源禀赋、地区开放度以及聚集效应等,投资国的环境管制、环境政策则没有考虑在其中。而 Dean(1992)[24]的早期实证研究也表明环境管制对投资的区位选择没有明显的影响。Stafford(1985)[25]认为即使考虑了环境管制,在制造业部门,市场、劳动力和原材料仍然是区位选择的决定性因素。Wheeler 和 Moody(1992)[26]对美国的跨国公司进行研究后发现,环境管制对投资决策的影响非常小,甚至没有。不仅环境管制不是 FDI 区位分布的决定因素,FDI 所

带来的规模效应还将有利于环境的改善(Copeland and Taylor,2003)[27]。另一种观点则认为,环境管制将加大企业的生产成本,使污染密集型产业向发展中国家转移,使发展中国家成为"污染者天堂"(世界银行,2000)[28]。Levinson(1996)[29]和List and Cole(2000)[30]也认为环境管制在 FDI 的区位选择中发挥着重要作用。Dean (2005)[31]运用 2886 个外资项目在中国的区位分布进行实证研究表明,来源于美国、日本等发达国家的投资不受环境管制的影响,而来源于中国香港、台湾和澳门地区的投资与环境管制显著负相关。Christer 和 Martin[32]运用 1987～1998 年中国 28 个省的数据进行回归得出的结果是,从整体上说环境管制对 FDI 的影响不显著,而在中、西部地区,环境管制对 FDI 的影响显著为负。马丽、刘卫东和刘毅(2003)[33]的研究认为,发展中国家地区之间在吸引外资方面的恶性竞争造成了决策者不惜以牺牲环境为代价来引进外资。

国内学者(杨涛,2003[34];吴玉鸣,2006[35];吴玉鸣,2006[36];熊鹰、徐翔,2007[37])的实证分析结果显示,环境管制的严格化对我国吸收 FDI 存在负面影响,但环境管制不是影响 FDI 流量的主要因素;杨海生、贾佳等(2005)[38]的检验显示 FDI 与污染排放之间存在显著的正相关关系,但他们强调的是 FDI 对环境的负面效应,并没有论及环境管制对 FDI 的影响。李国柱(2007)[39]采用面板因果关系检验了外商直接投资与环境污染的因果关系,发现在我国存在污染避难所的证据,即较弱的环境管制吸引了污染密集型产业,而污染密集型外资的进入加剧了我国环境的恶化。綦建红、鞠磊(2007)[40]实证得出的结论是环境规制不是引起外资变化的格兰杰原因,但外资是引起环境规制变化的格兰杰原因。

综观国内外学者的研究,大致可以归纳为以下几点:

1. 决定外资区位分布的因素很多,有资源禀赋、经济规模、地理优势及开放政策等,而对于环境管制对外资区位分布的影响,众多学者存在不同的观点。

2. 国内学者对我国 FDI 分布不均匀的研究很少考虑环境管制这一因素,对环境管制影响 FDI 分布的研究起步较晚。

3. 已有文献对环境管制影响外资流动的研究,一方面是单纯从理论上进行文字论述,缺乏实证检验;而另一方面的研究则主要采用实证检验的方式,并没有运用更多理论来支撑,因此需要进一步的研究。

第二节 环境管制对外商直接投资
区位分布影响的机制分析

一、环境管制的"软约束"

我国作为发展中国家,一直面临着解决环境污染与经济发展之间的权衡问题。这就要求政府在改善环境质量状况的同时,尽可能减少成本和效率损失,降低其对经济与社会的负面影响。如果政府不能以合理有效的方式实现既定的环境目标,环境政策就不可能得到很好的执行,其结果将是环境保护目标不得不为经济活动做出让步(保罗·R.伯特尼,2004)[41]。长期以来,我国的环境保护以命令控制方式为主,经常以关、停、并、转中小企业为代价,寻求环境质量的改善。这一做法虽然有利于环境保护,却加剧了社会分配不公,加重了各地执行环境保护的经济成本,使环境保护政策难以获得广泛的社会支持,提高了违规激励,引致了环境保护中"软约束"现象的产生,就是实际执行的环境标准低于设计标准。假定环境保护标准变化的成本与收益曲线如图7—1。曲线 R_1R_1 和 C_1C_1 是按成本有效性原则,并考虑了收益内部化后设计环境保护政策时的边际收益曲线和边际成本曲线,如果政府追求环境保护收

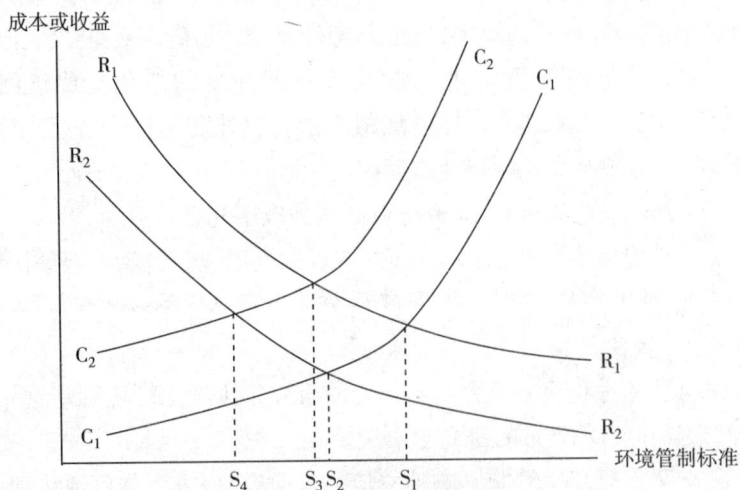

图7—1 环境管制的"软约束"

益最大化,则 R_1R_1 和 C_1C_1 两条曲线相交的环境标准 S_1 就是设计的环境标准,这个标准在实际中也能得到很好执行,因此 S_1 同时也是执行的环境管制标准。

当对环境保护政策缺乏成本—收益分析制度时,或不能以合理有效的方式实现环境保护目标时,政府往往可能选择了成本较高的环境管制政策或工具,使边际成本曲线上移变为 C_2C_2,C_2C_2 和 R_1R_1 两条曲线相交的环境标准是 S_3。此时,虽然政府设计的环保标准 S_1 不变,但实际执行的环境标准却是 S_3,低于设计标准。当激励型生态补偿机制不足时,它的影响则体现在对边际收益曲线的影响上。由于环境管制的外部性特征,提供环境保护的地区只能得到部分环境保护的收益,如果不对其进行激励性补偿,其边际收益曲线就会低于 R_1R_1,比如处于 R_2R_2 的位置,此时,R_2R_2 与 C_1C_1 相交的环境管制标准为 S_2,这是地方政府实执行的标准,同样低于设计标准 S_1。当以上两种制度缺陷都存在时,地方政府实际执行的环境管制标准将进一步下降,如图7—1中的 S_4。因此,不只是各地环境管制政策本身的设计差异可能会对 FDI 的区位分布产生影响,即使是国家统一的环境管制标准,也会存在地区之间实际执行标准的差异,从而影响 FDI 的区位分布。

二、环境管制的正面效应

传统的观点认为,环境管制会对企业竞争力产生负面影响,因为较高的环境管制标准将导致国内厂商生产成本的上升进而损害其在国际市场上的竞争力,因此采用较高的环境标准可能是得不偿失的做法。而以 M. 波特为代表的一批研究者则认为实施严厉的环境管制政策在短期确实会使企业的生产成本有所提高,对企业的竞争力产生不利影响,但在长期意义上,恰当设计的环境规制可以激发被规制企业创新,相对于不受规制的企业,这可能会产生绝对竞争优势;相对于规制标准较低的国外竞争者而言,环境规制通过刺激创新可对本国企业的国际市场地位产生正面影响,这一结论通常被称为"波特假说"。

环境管制引起被管制企业竞争优势提高,进而影响企业投资区位选择的作用机制可用图7—2进行说明。

严格的管制与宽松的管制相比,可以产生更大的创新补偿。相对宽松的管制可以使用末端治理方法,而不会采用创新方法。然而,较严格的管制会更注意企业的废弃物和排放物,要求企业采用根本的治理方法。虽然适应成本

环境管制 → 创新补偿 → 产品补偿
环境管制 → 创新补偿 → 过程补偿
环境管制 → 市场中的先动优势 → 主动引进技术创新
环境管制 → 市场中的先动优势 → 新产品市场渗透
→ 企业竞争优势提高 → 影响企业投资区位选择

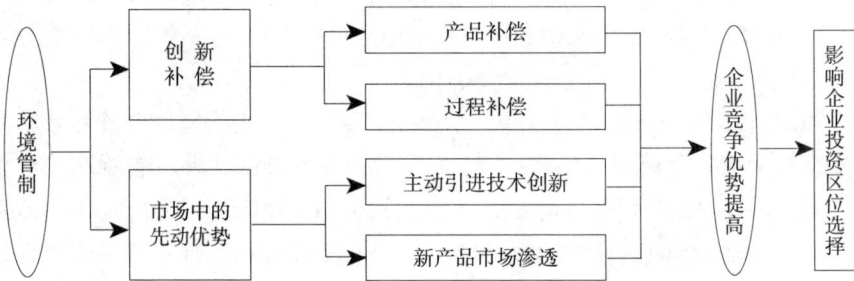

图7—2　环境管制影响企业竞争优势的作用机制

随管制严格性的增加而随之增加,但创新补偿的潜力会增加得更多。在对竞争优势的动态理解基础上,波特提出其"创新补偿"理论,即恰当设计的环境管制可以激发企业创新,这可以部分或近乎全部地弥补环境管制的遵循成本,甚至可因此比不受类似管制约束的企业更具绝对竞争优势。当减少污染与提高生产率一致,创新补偿将会越来越普遍,企业会更慎重地进行环境管理决策。在以市场为基础的激励性环境管制下,排污行为与企业经济利益密切相关,企业会更理性地在环境管理与主营业务之间配置资源,选择可减少管制遵循成本的新技术与生产工艺,并寻求将污染物转化为可利用的资源。具体来分析,"创新补偿"主要分为产品补偿和过程补偿。产品补偿是指环境管制不仅减少了污染,而且创造了功能更强、质量更好、更安全、更便宜的产品,有更高回收价值的产品,对消费者而言具有更低的抛弃成本的产品。过程补偿是指环境管制不仅导致了污染的降低,而且产生了更高的资源生产率,诸如更高的加工产出效率,较少的检修停工期(由于更仔细的监督和维护),原料的节省(由于原料的替换和对投入品的重新使用和循环利用),对副产品更好的利用,在生产过程中更低的能量消费,原材料仓储存量以及处置成本的降低,将废料转化为更有价值的形式,更安全的工作环境等。

"波特假说"的另一个实现途径则是依靠先动优势。当地区环境管制制度正确地预见并反映了环境保护的趋势时,该地区企业就可能从率先实行的管制中获得竞争优势。获得先动优势的企业能主动引进技术创新,而无须受到环境管制的压力;可以用新产品实行市场渗透,从而阻止竞争对手的进入;甚至可以在政府实施环境管制过程中起到重要作用。

因此,若考虑如上所述的环境管制正面效应,其就有可能对FDI产生正的影响。但以上分析建立在"恰当设计的环境管制"这一重要前提下,要求环境管制必须以市场机制为基础,对企业具有激励作用。而我国的环境管制制度正是这方面存在较大的缺陷,没有建立起以市场机制为基础,以成本—收益分析为原则的激励型环境管制制度,这使得地方政府没有实行严格环境管制的动力,反而具有较强的放松环境管制的动机。

三、环境管制对 FDI 区位分布影响的内在机制

1960 年,MacDougall[42]在《对外私人投资的收益与成本:理论探讨》一文中提出国际资本流动的新古典主义模型(Click &Coval, 2002)[43],他表明在规模报酬不变的条件下,运用投入资本、生产技术及劳动等两种生产要素进行同种产品生产时,自由化的投资将使资本从资本充裕的发达国家流向资本缺乏的发展中国家,从而对为什么会产生国际直接投资作出了解释,同时论述了什么因素决定国际直接投资区位分布的问题。此后该模型被广泛地用于研究劳动力流动、通过国际借贷的资本转移以及跨国公司的形成等问题,运用国际要素流动的基本原理,可以对环境管制如何影响资本流动进行分析。

假定一国由地区 A 和地区 B 组成,初始时两地区的环境管制政策相同,两个地区生产同种具有负外部性的产品,该产品的生产函数为 $Q(K, R)$,其中 R 为常数,表示除资本(K)外其他所有影响产出的因素,包括环境管制、劳动力、土地等。假定资本可以在两个地区自由流动,且流动不存在任何成本,资本总量为 K(图 7—3 中的 O_AO_B),图 7—3 从左自右是 A 地区获得的资本,从右自左则是 B 地区得到的资本。MPK_A、MPK_B 分别表示 A 地区和 B 地区的资本边际产出,在其他条件不变时,两个地区资本的投入数量与其资本边际产出之间的关系如图 7—3 在生产要素的合理投入区间内,边际报酬递减规律使得资本边际产出与其投入数量成反方向变化。当 MPK_A 线与 MPK_B 线相交于 E_1 点时,A、B 两地区可获得的资本量分别为 Q_AK_1、Q_BK_1。

如果 B 地区政府降低环境管制执行标准,而 A 地区保持原来的环境管制政策不变,那 B 地区厂商将把原本花费在污染治理上的费用转投到其他生产要素(比如劳动力),B 地区的资本边际产出提高,MPK_B 曲线往左上移至 MPK_B',与 MPK_A 交于 E_2 点。B 地区降低环境管制标准后,将有 K_1K_2 的资本从 A 地流向 B 地,此时 B 地区获得的为 Q_BK_2,而 A 地所获得的资本量仅为 Q_AK_2。这表明环境管制严格地区的资本获取量小于环境管制松散的地区,进一步可以说明环境管制的严格程度将影响资本是否进入某地区的判断,严格

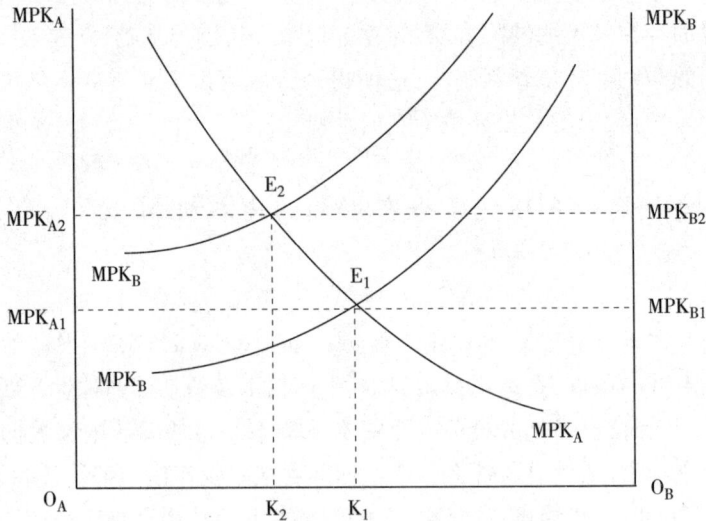

图 7—3   环境管制对 FDI 区位分布的影响

的环境管制将降低资本进入该地区的可能性,而松散的环境管制将更加有利
于吸引资本流入。

第三节   环境管制对外商直接投资
区位分布影响的实证分析
——省级面板模型

一、模型建立与计量方法

采用 1999～2004 年我国 28 个省份的统计数据从全国层面对其进行面板
数据回归分析,然后再分别就东部地区和中西部地区的样本进行面板回归。
使用面板数据主要有以下两方面的优点:一是控制不可观测的个体异质性;
二是包含的信息量更大,降低了变量间共线性的可能性,增加了自由度和估
计的有效性。在面板数据分析中,与准确使用数据密切相关的问题是如何判
断 Pooled OLS 模型、固定效应模型和随机效应模型的优良性,本章将采用
这三种模型对样本数据进行回归,然后对回归结果进行 Wald 检验、LM 检验
和 Hausman 检验,比较得出结果。根据前面的分析,首先得出如下基本

模型[44]：

$$FDI_{it} = X_{it}\beta + u_{it} \tag{7.1}$$

$$u_{it} = a_{it} + \varepsilon_{it} \tag{7.2}$$

其中,$i = 1,2,\cdots,28$,表示截面样本数,$t = 1,2,\cdots,T$,表示时间样本数,X_{it} 为 $1 \times K$ 向量,ß 为 $K \times 1$ 向量,K 为解释变量个数。对于特定的个体 i 而言,a_{it} 表示那些不随时间影响的因素,这些因素在多数情况下是无法直接观测或难以量化的,对这些"个体效应"的处理主要有两种方式:一种是视其为固定因素,适用的是固定效应模型;另一种是视其为随机因素,适用的是随机效应模型;而 Pooled OLS 模型则是忽略掉这种个体差异,把所有个体视为相同,即 a_{it} 为 0。把所有解释变量结合进以上两个方程,并考虑到变量间可能的非线性关系,建立如下方程式:

$$\begin{aligned} \ln(FDI_{it}) = \beta_0 &+ \beta_1\ln(POLU_{it}) + \beta_2\ln(GDP_{it}) + \beta_3\ln(CUMU_{it}) + \beta_4\ln(TR_{it}) \\ &+ \beta_5\ln(WAGE_{it}) + \beta_6\ln(CAPT_{it}) + \beta_7 SEZ + u_{it} (i = 1,2,\cdots,28, \\ &t = 1,2,\cdots,6) \end{aligned} \tag{7.3}$$

二、变量选取与数据来源

本章采取的衡量环境管制的变量(POLU)是各省污水排放达标量除以该省污水排放总量。选择这一变量主要基于以下方面的考虑:首先,废水是工业污染的最主要形式,其污染危害较其他污染形式大,但对废水的测量也比其他污染形式更为精确,程序更严谨,更易于实施污染控制;其次,该比率排除了各省产出对污染排放管制程度的影响。与其他省相比,某省污染排放量大并不能直接说明该省环境管制松,因为这种污染排放量大可能是由于该省产出更大造成的,本章这一环境管制变量的选择消除了这种影响;再次,该变量能从更广的角度反映企业为污染排放付出的成本,从而能更好地反映企业所在地的环境管制严格程度。如果总污水排放量中达到排放标准的比率越高,说明企业花费在治污方面的成本越多,也就能说明企业所在地环境管制更加严格。因为污染作为负外部性产品,在产权不明晰的情况下,没有政府的干预,企业是不可能主动承担这部分成本的。

本章用各省每年的 FDI 来衡量一个地区吸引外资的能力,并用每年的人民币对美元汇率中间价把 FDI 的单位折算为人民币。除了环境管制,影响 FDI 地区分布的因素很多,如果不加以考虑将影响回归结果的准确性。综合考虑各种外商投资区位理论和参考 Dean、Christer 等文献,以及结合数据的可得性,本章采用的控制变量有 GDP(国内生产总值,单位:亿元)、CUMU(累积的 FDI,单位:亿元)、TR(交通设施,单位:公里/平方公里)、WAGE(职工的平均工资,单位:元)、CAPT(人力资本,单位:%)和 SEZ(开放度,虚拟变量)。实际 GDP 由各省各年名义 GDP 除以 GDP 指数得出,职工平均工资由各省各年名义平均工资除以工资指数得出,积累的 FDI 主要用来衡量各地区经济的聚集效应,交通设施采用各地区每平方公里的高速公路里程表示,人力资本用中学以上教育水平人口占总人口的比重表示。开放度(SEZ)在很大程度上受政策因素的影响,经济特区和沿海开放城市享有的政策优惠极大地吸引着 FDI 的转移,因此把开放度作为虚拟变量,当某一省份拥有经济特区或沿海开放城市时,该虚拟变量取值为 1,否则为 0。本章选取我国 28 个省份相关数据作为研究样本,由于缺乏西藏、青海、重庆的某些数据,所以没有把这三个省份作为研究对象。选取的样本数据全部来自 2000~2005 年的《中国统计年鉴》。各变量的基本统计描述及系数的符号预期见表 7—1。

表 7—1 省级面板数据各变量描述性统计及预期系数符号

变量	Obs	Mean	Std. dev	Min	Max	符号
POLU	168	0.79	0.18	0.0	1.53	−
GDP	168	3740	2860	222	14000	+
CUMU	168	448	819	1.54	5410	+
TR	168	71.91	83.28	0.0	457.32	+
WAGE	168	9774	3990	5265	27300	−
CAPT	168	0.36	0.05	0.23	0.49	+
SEZ	168	0.43	0.50	0.0	1.0	+

考虑到面板数据各变量之间仍然可能存在的多重共线性问题,本章使用相关系数矩阵来排除相关系数高(>0.75)的变量,结果见表 7—2。从表 7—2 可以看出,聚集效应(CUMU)与 GDP 呈现高度相关,且与其他变量的相关系数也相对较高,原则上应将 CUMU 排除掉,但无论从理论方面(Krugman,1991)还是国内学者实证方面(许罗丹、谭卫红,2003)[45]都说明外商投资的聚集效应明显,因此本章先不考虑将其排除。

表7—2　省级面板数据变量的相关系数矩阵

	lnFDI	lnPOLU	lnGDP	lnWAGE	lnCAPT	lnTR	lnCUMU	SEZ
lnFDI	1.0000							
lnPOLU	0.6338	1.0000						
lnGDP	0.7689	0.5663	1.0000					
lnWAGE	0.4459	0.4455	0.3531	1.0000				
lnCAPT	0.4471	0.5483	0.4314	0.0500	1.0000			
lnTR	0.3327	0.3156	0.1916	0.0443	0.2914	1.0000		
lnCUMU	0.9305	0.7617	0.7745	0.5442	0.4986	0.4021	1.0000	
SEZ	0.7089	0.4742	0.3790	0.4398	0.2303	0.3028	0.6969	1.0000

三、实证检验与分析

采用全国28个省份的样本数据对方程7.3进行回归,分别得到的Pooled OLS、固定效应和随机效应三种模型的结果如表7—3所示。无论在哪个模型中,环境管制的系数符号都为负,与预期的相同,而且在不同程度上通过了显著性检验,这说明环境管制是影响FDI在全国分布的重要因素,地区环境管制的差异是外资在中国进行区位选择的考虑因素之一;实际国民收入系数在三个模型中同样通过了显著性检验,说明中国巨大的市场是外资进入的重要原因之一;职工平均工资的系数符号在各模型中与预期的一致,但在Pooled OLS和随机效应模型中其显著性很高,而在固定效应中不具有统计意义;人力资本在Pooled OLS和随机效应模型中系数符号都为正,固定效应中系数符号为负,但都没有通过显著检验;交通设施的符号在不显著的情况下都为负;在Pooled OLS和随机效应模型中聚集效应的系数符号都为正,这也与预期的一致,其系数在Pooled OLS和随机效应模型中通过了高显著性检验,而在固定效应模型中其符号与预期相反,但这个结果不具有统计意义;SEZ作为区别地区的虚拟变量,在固定效应模型中与固定效应的假设冲突被计量软件自动去除,而在Pooled OLS和随机效应模型中其符号与预期一致,并且系数也在1%的水平下显著。

表7—3 全国28个省面板数据回归结果

变量	Pooled OLS	固定效应	随机效应
lnPOLU	$-0.956(-3.44)$ ***	$-0.525(-1.74)$ *	$-1.088(-3.79)$ ***
lnGDP	$0.285(3.29)$ ***	$1.676(3.27)$ ***	$0.385(3.59)$ ***
lnWAGE	$-0.427(-2.74)$ ***	$-0.144(-0.63)$	$-0.436(-2.75)$ ***
lnCAPT	$0.059(0.17)$	$-0.072(-0.11)$	$0.168(0.42)$
lnTR	$-0.045(-1.75)$	$-0.021(-0.52)$	$-0.048(-1.62)$
lnCUMU	$0.869(11.95)$ ***	$-0.079(-0.50)$	$0.765(8.97)$ ***
SEZ	$0.540(4.21)$ ***	——	$0.754(4.89)$ ***
R^2	0.900	0.469	0.897

注:括号内的数值为t值;*、**、***分别表示在10%、5%和1%的水平上显著。

为了更好地研究各变量与FDI之间的关系,本章通过LM检验和Hausman检验来识别所选取样本与模型的合适程度。在LM检验中,P值为0,小于0.05,证明随机效应模型比Pooled OLS更具有解释力。在Hausman检验中,P值也为0,说明固定效应模型比随机效应模型更合适。因此,下面的分析只报告固定效应模型的回归结果。考虑到前面分析的多重共线性问题,下面将去掉CUMU这一变量再次对基于全国层面的面板数据进行回归,结果参见表7—4。比较表7—4与表7—3的结果可以看出,去掉CUMU后不仅POLU的系数绝对值增大了,而且其显著程度也有了明显的提高,进一步证明了环境管制对FDI区位分布的显著影响。此外,去掉CUMU后方程的拟合度也有了一定的提高。

表7—4 去除多重共线性后的面板数据回归结果

变量	lnPOLU	lnGDP	lnWAGE	lnCAPT	lnTR	R^2
固定	-0.598	1.483	-0.130	-0.081	-0.025	0.518
效应	(-2.28) **	(4.39) ***	(-0.57)	(-0.12)	(-0.63)	

注:括号内的数值为t值;*、**、***分别表示在10%、5%和1%的水平上显著。

为了进一步研究影响FDI区位分布因素的地区差异,分别对东部地区和中西部地区的面板数据进行回归。在28个省份的样本中,把虚拟变量SEZ取值为1的省份,即拥有经济特区和沿海开放城市的省份全部划到东部地区,共有12个省份;其余16个省份为中西部地区。对这两组样本的变量分别使用相关系数矩阵,发现不存在多重共线性问题,因此仍采用原有的变量分别对其回归,通过 LM 检验和 Hausman 检验,发现固定效应模型优于其他两种模型,其回归结果见表7—5。

如表7—5所示,在东部地区 POLU 的系数符号与预期的符合一致,其系数也在1%的水平下显著,并且其系数绝对值大于全国层面的回归结果。这说明:松散的环境管制是东部地区吸引外资取得优势的重要原因,即东部地区外资吸引力的提高是从某种程度上以牺牲本地区环境为代价的;GDP 和 WAGE 的系数虽然没通过显著性检验,但其符号与预期是相符的;CAPT 的系数符号为正,但没有显著意义,这说明东部地区对人力资本投入的作用尚未显现,结合 WAGE 的结果可以看出,外资进入看中的不是该地区的劳动力素质而是劳动力价格;TR 符号仍然与预期相反,但没有通过显著性检验,这可能与只考虑了公路交通有关,而东部地区最重要的交通优势还在于它的港口数量;CUMU 在5%的水平下通过了显著性检验,这表明在东部地区积累的 FDI 对外商投资决策有重要的聚集示范效应。

表7—5　省级面板数据分地区回归结果

变量	固定效应(东部地区)	固定效应(中西部地区)
lnPOLU	−1.109(−2.96)***	−0.022(−0.05)
lnGDP	0.534(0.84)	2.018(2.72)***
lnWAGE	−0.122(−0.48)	−0.120(−0.35)
lnCAPT	0.154(0.15)	−1.400(−1.41)
lnTR	−0.014(−0.44)	−0.126(−1.07)
lnCUMU	0.401(2.03)**	−0.223(−0.96)
R^2	0.752	0.474

注:括号内的数值为 t 值;*、**、***分别表示在10%、5%和1%的水平上显著。

从表7—5可以看出,中西部地区 POLU 的系数为负,但没有通过显著性检验,且其系数绝对值小于全国和东部水平,这表明外商到中西部地区投资主要是从其他要素角度考虑来进行区位选择,中西部地区并未以牺牲环境为代价来吸引 FDI;GDP 的系数为正,并在1%的水平下通过显著性检验,说明中西部地区巨大的市场是外资进入的重要原因;WAGE 的符号为负,系数也没有通过显著性检验;CAPT 在中西部地区仍然没有通过显著性检验,符号也与预期相反,这也许与中西部地区对人力资本的投入不足有关;TR 符号为负,这说明内陆地区交通设施的建设力度还不够,仍没有对外商投资形成足够的吸引力;CUMU 的符号与预期相反,对此可能的解释是:中西部地区吸引外资发展缓慢,没有形成任何具有强大辐射能力的经济圈,因此聚集效应的作用很难发挥出来。

四、小　　结

本节研究的主要目的是检验各地区环境管制政策是否对我国省份之间 FDI 的地区分布具有显著性的影响。采用 Panel Data 模型对 1999 ~ 2004 年全国 28 个省份的数据进行回归,回归结果表明环境管制的严格程度确实对我国 FDI 在我国各省份之间的区位分布具有负显著性影响,这与 Dean 等采用 Logit 模型得出的实证结论是一致的,而与 Christer 等的结论有所出入。在分别对我国东部地区和中西部的样本回归后发现,东部地区的 FDI 对环境管制的严格程度更加敏感,而中西部地区环境管制对 FDI 分布的影响不显著,这与 Christer 等的研究结果正好相反。通过以上实证研究,验证了理论预期的结论。由于我国各地区在环境管制标准上的差异,外资在我国的区位分布呈现出向环境管制松散地区转移的特点。

第四节　环境管制对外商直接投资
区位分布影响的实证研究
——城市面板模型

上一节采用省级面板数据实证研究了环境管制对 FDI 区位选择的影响,得出的结论具有重要意义。但单纯采用省级面板数据来检验本章的命题略显单薄。其一,我国环境管制的地区差异不仅存在于各省份之间,也存在于各城市之间;其二,外商选择投资区位时,除了考虑各省份之间的整体条件,还会具体到省市内部的城市,注重城市的投资环境和条件。因此,本章将采用城市面板数据对环境管制影响 FDI 区位选择进行进一步的实证考察,采用城市数据不仅扩大样本容量,提高计量结果的准确性,而且得出的计量结果将更符合外资投资区位决策的实际特征。

一、模型建立与计量方法

采用 2003～2006 年我国 192 个城市面板数据集(由于一些城市变量数据缺失,故样本中没有包括我国所有城市),分别对总体样本和分地区样本进行面板回归分析。采用多个环境管制指标逐个替换,依次进行回归,计量方法与上一节省级面板数据回归一致。

回归方程如下:

$$\ln(FDI_{it}) = \beta_0 + \beta_1 \ln(X_{it}) + \beta_2 \ln(FDI_{it-1}) + \beta_3 \ln(GDP_{it}) + \beta_4 \ln(LC_{it}) +$$
$$\beta_5 \ln(TR_{it}) + \beta_6 \ln(INDU_{it}) + \beta_7 \ln(PEOP_{it}) + \beta_8 \ln(CAPT_{it}) + u_{it}$$

$$(i = 1,2,\cdots,192, t = 1,2,\cdots,8) \tag{7.4}$$

上式中,i 为城市,t 为年份,β_0 为常数项,β_1,β_2,$\cdots$,β_7 为回归系数值,u_{it} 为随机扰动项。X_{it} 是观察变量,即环境管制,本章将采用多个指标来衡量,其他变量都是控制变量,为影响 FDI 区位分布的一般因素。

二、变量选取与数据来源

环境管制的程度一般难以采用某一指标直接衡量,在研究环境管制与 FDI 区位分布的实证文献中,较多地采用了工业污染治理完成投资额(杨涛,2003;应瑞瑶等,2006)以及三废排放治理支出(吴玉鸣,2006),而国外的学者更多采用的是污染的费率或费用(Dean,2005;Christer,2005)。上一节的省级面板回归分析中采用了工业废水的达标率这一指标来衡量环境管制,本节将沿用这一指标。此外,为使环境管制这一考察变量得到全面的衡量,以及考虑数据的可得性,本节另选取 5 个相关环境指标作为环境管制的代理变量(见表7—6),从而更全面、深入地研究环境管制对外商直接投资区位选择的影响。

除了环境管制,FDI 地区分布还受其他因素的影响,这些因素也必须加以考虑。根据各种外商投资区位理论以及上一节省级面板数据回归的变量设置,结合数据的可得性,本章采用的控制变量有 FDI_{t-1}(上年度 FDI,单位:亿元)、GDP(国内生产总值,单位:亿元)、WAGE(职工的平均工资,单位:元)、TR(货运总量,单位:万吨)、INDU(工业生产总值,单位:亿元)、PEOP(人口密度,单位:人/平方公里)以及 CAPT(高等学校人数,单位:人)。这些控制变量能分别反映外商投资水平、市场大小、劳动力成本、交通设施等传统 FDI 区位选择因素。

表7—6 各类环境管制指标及其符号表示

采用记号	环境管制指标	单位
P1	工业废水达标量/工业废水排放量	%
P2	工业二氧化硫去除量/工业二氧化硫排放量	%
P3	工业烟尘去除量/工业烟尘去排放量	%
P4	环境污染治理投资总额	万元
P5	城市环境基础设施建设完成投资额	万元
P6	三废综合利用产品产值	万元

表7—7 城市面板数据各变量描述性统计及预期系数符号

Variable	Obs	Mean	Std. Dev	Min	Max	预期符号
FDI	767	272748.2	550767.7	0	4410799	
P1	767	0.908	0.157	0.117	3.352	−
P2	767	1.404	13.80	0	276.26	−
P3	768	29.44	28.82	0	226.78	−
P4	766	83601	94264	0	3108523	−
P5	766	123588	115136	0	2010103	−
P6	766	37577	39881	0	5962774	−
FDI_{t-1}	767	249338	525411.8	79.26	4410799	+
GDP	768	5979229	7566037	89563	$7.11e+07$	+
LC	768	11704.13	5254.99	886.20	107642.8	−
TR	768	7203.449	7929.74	249	75184	+
INDU	768	7614043	$1.27e+07$	76538	$1.27e+08$	+
PEOP	768	474.40	325.74	25	2661.54	+
CPAT	768	71787.77	123761.1	0	1077266	+

表7—8　城市面板数据变量的相关系数矩阵

	lnFDI	lnP1	lnP2	lnP3	lnP4	lnP5	lnP6	$lnFDI_{t-1}$	lnGDP	lnWAGE	lnTR	lnINDU	lnCPAT
lnFDI	1.0000												
lnP1	0.2909	1.0000											
lnP2	0.2076	0.1173	1.0000										
lnP3	0.2506	0.1703	0.0862	1.0000									
lnP4	0.3643	0.1204	0.1350	0.0801	1.0000								
lnP5	0.4169	0.0032	0.0014	0.0237	0.2929	1.0000							
lnP6	0.4288	0.0029	0.0133	0.0155	0.3169	0.8354	1.0000						
$lnFDI_{t-1}$	0.8763	0.2896	0.2409	0.2425	0.1025	0.0421	0.0438	1.0000					
lnGDP	0.5919	0.2301	0.1509	0.1987	0.1490	-0.3900	-0.4117	0.5877	1.0000				
lnTR	0.5866	0.1622	0.2290	0.2484	0.1226	0.0404	-0.0133	0.5838	0.6197	1.0000			
lnINDUS	0.7704	0.3277	0.2438	0.3441	0.1410	0.0124	-0.0026	0.7402	0.7491	0.7178	1.0000		
lnWAGE	0.5259	0.1999	0.1468	0.2313	0.0890	-0.0539	-0.0588	0.5145	0.5119	0.4835	0.6248	1.0000	
lnCPAT	0.5601s	0.2362	0.1686	0.2282	0.1277	0.0641	0.0382s	0.5449	0.5773	0.6443	0.6282	0.3452	1.0000

以上样本的数据都来自 2003～2005 年的《中国城市统计年鉴》。其中,FDI 按当年的汇率中间价进行单位换算,并且以某一年为基期的居民消费价格指数对所有以价格为单位的变量进行指数平减,以排除物价波动的影响。把所有变量取自然对数,消除面板数据截面所产生的异方差影响。选择的样本包括我国各省份的 192 个城市,各变量统计描述见表 7—2。在选择宏观变量的时候,可能会产生共线性问题,为了消除多重共线性对估计结果的影响,我们先对模型进行相关系数矩阵的分析。从表 7—8 中我们可以看到,lnPEOP(人口密度)与 $\ln FDI_{t-1}$(上年度外商投资水平)以及 lnGDP(各地区国内生产总值)的相关系数很高,都大于 0.75,因此我们排除掉 lnPEOP 这个解释变量。

三、实证检验与分析

采用上述样本对方程 7.4 进行不同计量方法回归,分别得到 Pooled OLS、固定效应(FEM)、随机效应三种模型(REM)的回归结果,如表 7—9 所示。首先来看考察变量的结果:

lnP1(工业废水达标量/工业废水排放量):在 Pooled OLS 模型中系数为正,但没有通过统计检验,在 FEM 模型和 REM 模型中系数为负,与期望一致,且在 FEM 模型中通过了 5% 水平下的显著检验,说明 P1 对吸引 FDI 具有负效应,严格的环境管制对各城市吸引 FDI 具有阻碍作用。

lnP2(工业二氧化硫去除量/工业二氧化硫排放量):三个模型中其系数都为负,与预期一致,且在 FEM 模型中通过了 5% 水平上的显著检验,说明 P2 对吸引 FDI 具有负效应,宽松的环境管制是各城市吸引 FDI 的主要原因。

lnP3(工业烟尘去除量/工业烟尘去排放量):三个模型中其系数都为负,与预期一致,但系数都没有通过显著性检验,不具有统计意义。

lnP4(环境污染治理投资总额):在 Pooled OLS 模型和 REM 模型中系数为负,且在 10% 的水平下显著,在 FEM 模型中其系数在 1% 的水平下显著为负,与期望一致,说明 P4 对吸引 FDI 具有负效应,宽松的环境管制是各城市吸引 FDI 的主要原因。

lnP5(城市环境基础设施建设完成投资额):三个模型中其系数都为正,与预期相反,但系数都没有通过显著性检验,不具有统计意义。

lnP6(三废综合利用产品产值):三个模型中其系数都为正,与预期相反,但系数都没有通过显著性检验,不具有统计意义。

表7—9 全国城市面板数据回归结果（考察变量逐个回归）

变量及检验	Pooled OLS	Fixed effects	Random effects	Pooled OLS	Fixed effects	Random effects	Pooled OLS	Fixed effects	Random effects
lnP1	0.003 (0.02)	-0.404 (-2.16)**	-0.021 (-0.13)						
lnP2				-0.020 (-1.01)	-0.064 (-1.94)**	-0.020 (-0.99)			
lnP3							-0.005 (-0.23)	-0.037 (-0.85)	-0.005 (-0.21)
lnP4									
lnP5									
lnP6									
$\ln FDI_{t-1}$	0.703 (27.33)***	0.051 (1.21)*	0.680 (25.56)***	0.678 (24.66)***	0.046 (1.07)	0.659 (23.38)***	0.692 (26.16)***	0.048 (1.15)*	0.672 (24.71)***
lnGDP	0.003 (0.07)	-0.018 (-0.43)	0.001 (0.03)	-0.005 (-0.13)	-0.014 (-0.33)	-0.006 (-0.15)	-0.0003 (-0.01)	-0.021 (-0.49)	-0.001 (-0.03)
lnTR	0.008 (0.15)	-0.048 (-0.43)	0.008 (0.15)	0.022 (0.38)	-0.070 (-0.61)	0.023 (0.38)	0.010 (0.17)	-0.065 (-0.58)	0.010 (0.17)
lnINDU	0.185 (3.25)***	0.227 (1.98)**	0.203 (3.46)***	0.258 (4.32)***	0.230 (1.96)**	0.274 (4.46)***	0.211 (3.54)***	0.208 (1.78)*	0.226 (3.69)***
lnWAGE	0.300 (2.60)***	0.450 (2.34)	0.313 (2.63)***	0.209 (1.76)*	0.184 (1.93)*	0.215 (1.77)*	0.277 (2.38)**	0.442 (2.28)**	0.288 (2.41)**
lnCPAT	0.070 (2.25)**	0.207 (1.46)*	0.073 (2.23)**	0.072 (2.29)**	0.141 (1.34)	0.074 (2.27)**	0.076 (2.42)**	0.128 (1.22)	0.078 (2.40)**

变量及检验	Pooled OLS	Fixed effects	Random effects	Pooled OLS	Fixed effects	Random effects	Pooled OLS	Fixed effects	Random effects
R^2	0.802	0.4921	0.841	0.795	0.4126	0.797	0.799	0.467	0.801
检验指标	$F_{(8,725)}$ =367.64***	$F_{(8,539)}$ =3.11***	Waldchi2(8) =2614.21***	$F_{(8,701)}$ =345.64***	$F_{(8,518)}$ =2.46***	Waldchi2(8) =2520.44***	$F_{(8,721)}$ =365.18***	$F_{(8,539)}$ =2.60***	Waldchi2(8) =2641.80***
$LM\chi^2$		10.68***			9.46***			9.91***	
$Hausman\chi^2$		545.15***			626.39***			518.42***	

注:括号内的数值为 t 值;*,**,***分别表示在 10%、5%和 1%的水平上显著。所有模型 μ_i 为 0 的 F 检验都通过显著检验,显示 Fixed effects 模型优于 Pooled OLS 模型。

表7—9(续) 全国城市面板数据回归结果 (考察变量逐个回归)

变量及检验	Pooled OLS	Fixed effects	Random effects	Pooled OLS	Fixed effects	Random effects	Pooled OLS	Fixed effects	Random effects
lnP1									
lnP2									
lnP3									
lnP4	-0.004 (-1.43)*	-0.071 (-2.43)***	-0.043 (-1.72)*						
lnP5				0.023 (0.69)	0.003 (0.10)	0.024 (0.71)			
lnP6							0.049 (0.90)	0.004 (0.08)	0.051 (0.92)

变量及检验	Pooled OLS	Fixed effects	Random effects	Pooled OLS	Fixed effects	Random effects	Pooled OLS	Fixed effects	Random effects
ln FDI_{t-1}	0.559 (26.02)***	0.053 (1.26)*	0.674 (25.01)***	0.702 (27.27)***	0.048 (1.14)*	0.678 (25.49)***	0.701 (27.20)***	0.048 (1.14)*	0.678 (25.43)***
lnGDP	-0.034 (-1.09)	-0.084 (-1.63)	-0.029 (-0.60)	0.027 (0.49)	-0.017 (-0.29)	0.027 (0.48)	0.035 (0.63)	-0.018 (-0.30)	0.035 (0.63)
lnTR	0.017 (0.60)	-0.067 (-0.60)	0.009 (0.16)	0.003 (0.07)	-0.057 (-0.50)	0.004 (0.08)	0.003 (0.06)	-0.057 (-0.50)	0.004 (0.07)
lnINDU	0.236 (4.13)***	0.294 (2.51)***	0.237 (3.89)***	0.174 (3.01)***	0.217 (1.87)*	0.190 (3.17)***	0.171 (2.96)***	0.218 (1.87)*	0.187 (3.13)***
lnWAGE	0.410 (3.35)***	0.470 (2.43)***	0.317 (2.64)***	0.302 (2.63)***	0.448 (2.33)***	0.316 (2.66)***	0.302 (2.63)***	0.448 (2.33)***	0.316 (2.66)***
lnCPAT	0.080 (2.21)***	0.123 (1.21)	0.082 (2.47)***	0.072 (2.29)***	0.141 (1.44)	0.068 (2.06)***	0.066 (2.08)***	0.140 (1.43)	0.067 (2.05)***
R^2	0.802	0.4812	0.800	0.800	0.5136	0.802	0.800	0.398	0.801
检验指标	F(8,725) =333.68***	F(8,535) =13.45***	Waldchi2(8) =2544.48***	F(8,726) =369.03***	F(8,540) =12.53***	Waldchi2(8) =2623.75***	F(8,726) =369.24***	F(8,540) =12.53***	Waldchi2(8) =2624.80***
LMχ^2		10.08***			10.56***			10.52***	
Hausmanχ^2	537.80***				516.12***			515.52***	

注：括号内的数值为 t 值；*、**、***分别表示在10%、5%和1%的水平上显著。所有模型 μ_i 为0的 F 检验都通过显著检验，显示 Fixed effects 模型优于 Pooled OLS 模型。

上述六个指标作为衡量环境管制的考察变量,除 lnP5、lnP6 以外,lnP1、lnP2、lnP3、lnP4 四个指标的回归系数符号与预期一致,且 lnP1、lnP2、lnP4 通过了显著性检验,lnP5、lnP6 也无法证明与预期相反的结论。这表明在我国各城市之间,环境管制的严格程度是外资选择投资区位的主要考虑因素之一,环境管制越严格的地区其对 FDI 的吸引力相对较小。

其他控制变量的回归结果如下:ln FDI_{t-1} 在所有方程和模型中其系数都为正,并且至少在 10% 的水平下显著,表明集聚效应对 FDI 的区位选择具有积极效应,集聚效应的存在会使外资不断的流向同一城市;lnGDP 和 lnTR 在各方程和各模型的回归结果不一致,回归系数符号在同一回归方程的不同模型之间存在差异,但都没有通过显著性检验,不能检验出他们对 FDI 区位分布的影响;lnINDU 在所有方程和模型中其系数都为正,并且在 Pooled OLS 模型和 REM 模型中都在 1% 的水平下显著,在 FEM 模型中也通过了 10% 的显著性检验,表明城市工业化水平是影响吸引外资的主要因素之一,某城市的工业化水平越高,中间产品供应商的专业化程度越高,贸易成本越低,将越有利于该地引进外资;lnWAGE 的回归系数都为正,并且几乎都通过了显著性检验,表明某城市工资越高对其吸引外资越有利,这与本章的预期相反。对此可能的解释是当前我国各城市工资的差异不仅反映的是劳动力成本的差异,其中也包含了劳动力素质的差异,工资越高意味着劳动力能力越强,因而有利于吸引外资;lnCPAT 回归系数都为正,并且在 Pooled OLS 模型和 REM 模型中都在 5% 的水平下显著,在 FEM 模型中大多没通过显著性检验。

通过观察 μ_i 为 0 的 F 检验、Breusch-Pagan LM 检验和 Hausman 检验值我们可以看出 μ_i 为 0 的 F 值在 1% 水平下显著,即不同地区存在着显著差异,因而拒绝 Pooled OLS 方法,Breusch-Pagan LM 检验值 χ^2 也同样在 1% 的水平下显著,说明在 Pooled OLS 和 REM 之间应该选择 REM 模型,Hausman 检验值 χ^2 也都在 1% 的水平下显著,因而在 FEM 和 REM 比较,应选择 FEM 模型。因此我们在以下的分析中将主要就通过检验后所选择的模型作为分析依据。

为了进一步研究城市之间环境管制影响 FDI 区位分布的地区差异,分别对东部地区和中西部地区的面板数据进行回归。本章把原 192 个城市样本分为东部地区(108 个城市)和中西部地区(84 个城市),对这两组样本的变量分别使用相关系数矩阵,发现不存在多重共线性问题,因此仍采用原有的变量分别对其回归,回归结果参见表 7—10 和表 7—11。通过 μ_i 为 0 的 F 检验,发现在 Pooled OLS 和 FEM 之间,应选择 FEM 模型,LM 检验显示,Pooled OLS 模型

表7—10 城市面板数据分地区回归结果（东部地区）

变量及检验	Pooled OLS	Fixed effects	Random effects	Pooled OLS	Fixed effects	Random effects	Pooled OLS	Fixed effects	Random effects
lnP1	0.150 (0.57)	-0.131 (-1.48)**	0.150 (0.57)						
lnP2				-0.020 (-0.97)	-0.028 (-1.95)**	-0.020 (-0.97)			
lnP3							-0.024 (-0.73)	0.003 (0.07)	-0.024 (-0.73)
lnP4									
lnP5									
lnP6									
$\ln \mathrm{FDI}_{t-1}$	0.799 (22.49)***	0.233 (3.62)***	0.799 (22.49)***	0.801 (22.47)***	0.224 (3.48)***	0.801 (22.47)***	0.802 (22.69)***	0.233 (3.62)***	0.802 (22.69)***
lnGDP	0.132 (1.63)	-0.070 (-0.73)	0.132 (1.63)	0.132 (1.62)	-0.030 (-0.83)	0.132 (1.62)	0.130 (1.60)	-0.076 (-0.79)	0.130 (1.60)
lnTR	0.080 (1.20)	-0.022 (-0.22)	0.080 (1.20)	0.075 (1.11)	-0.036 (-0.36)	0.075 (1.11)	0.073 (1.10)	-0.020 (-0.20)	0.073 (1.10)
lnINDU	-0.048 (-0.69)	0.036 (3.60)**	-0.048 (-0.69)***	-0.037 (-0.52)	0.035 (2.35)**	-0.037 (-0.52)	-0.042 (-0.61)	0.031 (1.31)*	-0.042 (-0.61)
lnWAGE	-0.043 (-0.46)	0.081 (0.62)	-0.043 (-0.46)	-0.050 (-0.53)	0.084 (0.65)*	-0.050 (-0.53)	-0.036 (-0.38)	0.075 (0.58)	-0.036 (-0.38)
lnCPAT	0.054 (1.40)*	0.332 (2.33)**	0.054 (1.40)**	0.056 (1.43)*	0.355 (2.47)**	0.056 (1.43)*	0.058 (1.48)*	0.324 (2.27)**	0.058 (1.48)*

变量及检验	Pooled OLS	Fixed effects	Random effects	Pooled OLS	Fixed effects	Random effects	Pooled OLS	Fixed effects	Random effects
R^2	0.899	0.363	0.841	0.900	0.3126	0.900	0.901	0.471	0.901
检验指标	$F_{(8,271)}$ =367.64***	$F_{(8,202)}$ =12.55***	Waldchi2(8) =2513.5***	$F_{(8,268)}$ =301.91***	$F_{(8,199)}$ =12.76***	Waldchi2(8) =2415.31***	$F_{(8,270)}$ =309.70***	$F_{(8,539)}$ =12.52***	Waldchi2(8) =2477.56***
$LM\chi^2$		5.77**			6.20**			5.75**	
$Hausman\chi^2$		—						—	

注:括号内的数值为 t 值;*、**、***分别表示在 10%、5%、1% 的水平上显著。所有模型 μ_i 为 0 的 F 检验都通过显著检验,显示 Fixed effects 模型优于 Pooled OLS 模型。

表7—10(续) 城市面板数据分地区回归结果(东部地区)

变量及检验	Pooled OLS	Fixed effects	Random effects	Pooled OLS	Fixed effects	Random effects	Pooled OLS	Fixed effects	Random effects
lnP1									
lnP2									
lnP3									
lnP4	-0.055 (-2.02)**	-0.027 (-1.88)**	-0.055 (-2.02)**						
lnP5				0.068 (1.30)	-0.115 (-1.37)*	0.068 (1.30)			
lnP6							-0.008 (-0.29)	0.064 (1.38)	-0.008 (-0.29)

变量及检验	Pooled OLS	Fixed effects	Random effects	Pooled OLS	Fixed effects	Random effects	Pooled OLS	Fixed effects	Random effects
ln FDI$_{t-1}$	0.803 (22.89)***	0.230 (3.57)***	0.803 (22.89)***	0.793 (22.23)***	0.242 (3.75)***	0.793 (22.23)***	0.80 (22.09)***	0.226 (3.52)***	0.80 (22.09)***
lnGDP	0.102 (1.24)	-0.091 (-0.92)	0.102 (1.24)	0.170 (1.96)***	-0.177 (-1.44)	0.170 (1.96)***	0.129 (1.54)*	-0.009 (-0.09)	0.129 (1.54)
lnTR	0.066 (1.00)	-0.020 (-0.20)	0.066 (1.00)	0.069 (1.04)	-0.008 (-0.08)	0.069 (1.04)	0.074 (1.10)	-0.032 (-0.32)	0.074 (1.10)
lnINDU	-0.012 (-0.18)	0.044 (0.44)	-0.012 (-0.18)	-0.053 (-0.77)	0.039 (1.39)*	-0.053 (-0.77)	-0.038 (-0.51)	0.022 (1.63)*	-0.038 (-0.51)
lnWAGE	-0.029 (-0.31)	0.095 (0.72)	-0.029 (-0.31)	-0.047 (-0.50)	0.088 (1.67)**	-0.047 (-0.50)	-0.043 (-0.45)	0.074 (0.57)	-0.043 (-0.45)
lnCPAT	0.062 (1.59)***	0.293 (1.98)**	0.062 (1.59)***	0.042 (1.06)*	0.298 (2.07)**	0.042 (1.06)*	0.055 (1.42)**	0.339 (2.39)**	0.055 (1.42)*
R^2	0.903	0.3869	0.903	0.902	0.5466	0.902	0.902	0.467	0.902
检验指标	F(8,270)=333.68***	F(8,201)=12.61***	Waldchi2(8)=2538.06***	F(8,269)=311.19***	F(8,200)=12.91***	Waldchi2(8)=2489.53***	F(8,271)=313.88***	F(3,192)=2.60***	Waldchi2(8)=2511.01***
LMχ^2		6.41**			5.64***			9.91***	
Hausmanχ^2		—						518.42***	

注:括号内的数值为 t 值;*、**、***分别表示在10%、5%和1%的水平上显著。所有模型都通过显著检验,显示 Fixed effects 模型优于 Pooled OLS 模型。所有模型 μ_i 为 0 的 F 检验都通过显著检验,显示 Fixed effects 模型优于 Pooled OLS 模型。

表 7—11 城市面板数据分地区回归结果（中西部地区）

变量及检验	Pooled OLS	Fixed effects	Random effects	Pooled OLS	Fixed effects	Random effects	Pooled OLS	Fixed effects	Random effects
lnP1	-0.124 (-0.57)	-0.591 (-2.48)***	-0.190 (-0.85)						
lnP2				-0.020 (-0.68)	-0.144 (-2.80)***	-0.021 (-0.68)			
lnP3							-0.004 (-0.12)	-0.076 (-1.22)**	-0.003 (-0.10)
lnP4									
lnP5									
lnP6									
ln FDI$_{t-1}$	0.656 (18.92)***	0.079 (1.50)*	0.607 (16.66)***	0.625 (16.64)***	0.071 (1.29)*	0.584 (14.99)***	0.645 (18.08)***	0.075 (1.41)*	0.603 (16.23)***
lnGDP	0.048 (0.90)	0.038 (0.74)	0.052 (0.96)	-0.057 (-1.05)	-0.026 (-0.49)	-0.059 (-1.08)	-0.049 (-0.91)	-0.040 (-0.76)	-0.052 (-0.96)
lnTR	-0.004 (-0.06)	-0.017 (-0.10)	-0.003 (-0.04)	0.018 (0.22)	-0.060 (-0.33)	0.021 (0.24)	0.001 (0.02)	-0.057 (-0.33)	0.004 (0.05)
lnINDU	0.191 (2.38)**	0.010 (2.04)**	0.220 (2.57)***	0.285 (3.24)***	0.014 (1.36)*	0.314 (3.37)***	0.216 (2.49)**	0.048 (1.20)	0.240 (2.61)***
lnWAGE	0.752 (3.75)***	0.892 (3.83)***	0.841 (3.93)***	0.585 (2.71)***	0.764 (3.28)***	0.637 (2.79)***	0.703 (3.42)***	0.910 (3.74)***	0.774 (3.56)
lnCPAT	0.079 (1.81)*	0.182 (1.45)***	0.083 (1.76)*	0.076 (1.73)*	0.179 (1.29)**	0.078 (1.67)*	0.081 (1.87)*	0.200 (1.47)*	0.085 (1.82)*

变量及检验	Pooled OLS	Fixed effects	Random effects	Pooled OLS	Fixed effects	Random effects	Pooled OLS	Fixed effects	Random effects
R^2	0.716	0.4231	0.715	0.708	0.4526	0.707	0.718	0.392	0.717
检验指标	$F(8,445)$ $=140.73^{***}$	$F(8,329)$ $=15.15^{***}$	Waldchi2(8) $=922.58^{***}$	$F(8,424)$ $=128.53^{***}$	$F(8,311)$ $=14.35^{***}$	Waldchi2(8) $=874.78^{***}$	$F(8,442)$ $=140.76^{***}$	$F(8,326)$ $=14.54^{***}$	Waldchi2(8) $=948.81^{***}$
$LM\chi^2$		2.40			2.06			2.32	
Hausmanχ^2		—							

注:括号内的数值为 t 值;*、**、*** 分别表示在 10%、5% 和 1% 的水平上显著。所有模型 μ_i 为 0 的 F 检验都通过显著检验,显示 Fixed effects 模型优于 Pooled OLS 模型。

表 7—11(续)　城市面板数据分地区回归结果(中西部地区)

变量及检验	Pooled OLS	Fixed effects	Random effects	Pooled OLS	Fixed effects	Random effects
lnP1						
lnP2						
lnP3						
lnP4	-0.045 (-1.29)*	-0.097 (-2.33)**	-0.051 (-1.42)			
lnP5	0.008 (0.18)	-0.070 (-1.21)	0.004 (0.09)			
lnP6	-0.058 (-1.51)	0.064 (0.76)	-0.058 (-1.51)	-0.058 (-1.51)	0.064 (0.76)	-0.058 (-1.51)

变量及检验	Pooled OLS	Fixed effects	Random effects	Pooled OLS	Fixed effects	Random effects	Pooled OLS	Fixed effects	Random effects
$\ln FDI_{t-1}$	0.654 (18.70)***	0.080 (1.51)*	0.601 (16.34)***	0.666 (18.40)***	0.069 (1.24)*	0.595 (15.32)***	0.640 (18.00)***	0.097 (1.78)*	0.640 (18.00)***
lnGDP	-0.080 (-1.29)	0.126 (0.93)	-0.089 (-1.42)	-0.031 (-0.47)	-0.098 (-1.33)	-0.040 (-0.58)	0.123 (1.68)*	0.026 (0.26)	0.123 (1.68)*
lnTR	0.002 (0.03)	-0.070 (-0.40)	0.006 (0.07)	0.009 (0.01)	-0.004 (-0.03)	0.008 (0.09)	0.043 (0.52)	0.153 (1.60)	0.043 (0.52)
lnINDU	0.214 (2.60)***	0.115 (0.48)	0.246 (2.77)***	0.172 (2.10)	0.066 (2.29)***	0.210 (2.32)**	0.246 (2.89)	0.022 (1.63)*	0.246 (2.89)
lnWAGE	0.738 (3.64)***	0.838 (3.59)	0.834 (3.85)***	0.700 (3.45)***	0.974 (3.91)***	0.831 (3.73)	0.677 (3.36)***	0.407 (2.64)***	0.677 (3.36)***
lnCPAT	0.086 (1.95)**	0.192 (1.47)*	0.090 (1.88)*	0.072 (1.65)*	0.217 (1.68)*	0.075 (1.54)*	0.083 (1.87)*	0.261 (1.95)*	0.083 (1.87)*
R^2	0.713	0.586	0.712	0.720	0.4348	0.718	0.710	0.493	0.710
检验指标	F(8,442) =137.80***	F(8,326) =15.18***	Waldchi2(8) =894.29***	F(8,440) =141.72***	F(8,324) =14.94***	Waldchi2(8) =842.40***	F(8,431) =131.98***	F(3,317) =14.13***	Waldchi2(8) =1055.83***
$LM\chi^2$		2.37			2.59			2.88	
$Hausman\chi^2$		—			—			—	

注:括号内的数值为 t 值;*、**、***分别表示在 10%、5%和 1%的水平上显著。所有模型 μ_i 为 0 的 F 检验都通过显著检验,显示 Fixed effects 模型优于 Pooled OLS 模型。

优于 REM 模型。在这种情况下,无须再进行 Hausman 检验就可以判断出应选择 FEM 模型,以下将就 FEM 模型的回归结果作为主要分析依据。

东部地区的回归结果如表 7—10 所示,lnP1 的系数符号为负,并在 5% 的水平下显著,并且系数绝对值小于全国层面的回归结果,这与本章在上一节采用的同一变量进行省级面板回归的结论有所差异。lnP2 和 lnP4 都在 5% 的水平下显著为负,lnP5 在 10% 的水平下显著为负。以上四个指标的回归结果说明,宽松的环境管制是东部城市吸引外资的主要原因之一,即东部城市外资吸引力的提高是某种程度上以牺牲本地区环境为代价的,这与本章上一节的分析结论一致;而 lnP5 和 lnP6 的回归系数为正,与预期相反,但没有通过显著性检验,不具有统计意义;所有方程的 ln FDI$_{t-1}$ 都在 1% 的水平下显著为正,这表明集聚效应使得外资在我国东部地区选择投资城市时,倾向于遵循先行投资者的路径;与全国面板数据回归时一样,lnGDP 和 lnTR 在各方程中的回归结果不一致,但都没有通过显著性检验,无法检验出他们对 FDI 区位分布的影响;lnINDU 在所有方程中其系数都为正,并且在其中 5 个方程中都通过了显著性检验,表明东部城市良好的工业基础是吸引外资不断流入的原因之一;lnWAGE 在所有方程中其系数都为正,表明东部地区工资水平对 FDI 流入具有正效应,这与全国面板数据回归的结论相同;lnCPAT 至少在 10% 的水平下显著为正,并且其系数明显大于全国面板数据回归的结果,这说明东部城市的外资更注重劳动力素质的高低。

中西部地区的回归结果如表 7—11 所示,lnP1、lnP2 的系数符号为负,并在 1% 的水平下显著,其系数绝对值都大于东部地区的回归系数,中西部城市 P1 每降低 1%,FDI 增加 2.48%;P2 每降低 1%,FDI 增加 2.8;lnP3、lnP4 在 5% 的水平下显著为负,其系数绝对值也都大于东部地区的回归系数。以上四个指标的回归结果说明,宽松的环境管制是中西部城市吸引外资的主要原因之一,且中西部地区环境管制对 FDI 的负效应大于东部地区;而 lnP5 的回归系数为负,lnP6 的回归系数为正,但都没有通过显著性检验,不具有统计意义;ln FDI$_{t-1}$ 至少在 10% 的水平下显著为正,表明集聚效应会使中西部地区的外资聚集于省会及其他中心城市,而这与本章采用中西部地区省级面板回归的结论相反;lnGDP 和 lnTR 在各方程中的回归结果不一致,但都没有通过显著性检验,无法检验出他们对 FDI 区位分布的影响;lnINDU 在所有方程中其系数都为正,并且在其中 5 个方程中都通过了显著性检验,表明工业条件是影响外资投资于中西部城市的重要因素;lnWAGE 在所有方程中其系数都为正,这与东部地区面板回归的结论相同;lnCPAT 至少在 10% 的水平下显著为正,而其系数绝对值普遍小于东部地区的回归结果,表明投资于中西部地区的外资对劳动力素质的要求低于东部地区。

四、小　　结

根据上述实证研究把环境管制对 FDI 区位分布的影响总结如下:

1. 环境管制对 FDI 在我国各城市的区位分布影响显著。回归结果显示,工业废水的达标率(P1)、工业二氧化硫去除率(P2)以及环境污染治理投资总额(P4)对 FDI 具有显著的负效应。

2. 环境管制是影响外资在东部地区选择投资区位的因素之一。这与本章上一节采用省级面板回归的结论一致。

3. 环境管制对中西部地区外资影响作用明显,且其对 FDI 的负效应大于东部地区,与本章上一节采用省级面板回归的结果不同,这可能是样本扩大和变量增加的结果。

参 考 文 献

[1] Walley N, Whitehead B. It's not easy being green, Harvard Business Review, 1994, (5): 45 – 55.

[2] Porter M A. America's strategy, Scientific American, 1991, 16(8): 264 – 267.

[3] Christmann P. Effects of best practice of environmental management on cost advantage: the role of complementary assets, Academy of Management Journal, 2000, (43): 663 – 680.

[4] 曲如晓:《环境保护与国际竞争力关系的新视角》,《中国工业经济》,2001 年第 9 期。

[5] 傅京燕:《环境成本内部化与产业国际竞争力》,《中国工业经济》,2002 年第 6 期。

[6] Simpson R D, Branfprd R L. Taxing variable cost: environmental regulation as industrial policy. Journal of Environmental Economlcs and Management, 1996, (30): 282 – 300.

[7] Sartzetakis S, Constantatos C. Environmental regulationan and international trade. Journal of Regulatory Economics, 1995(8): 61 – 72.

[8] Porter M A, Vander Linde C. Towards a new conception of the environment competitiveness relationship, The Journal of Economlcs Perspectives, 1995, (9): 97 – 118.

[9] Eliste P, Fredriksson PG. Does open trade result in a race to the bottom? Cross-country evidence. Mimeo, Washington, DC: The World Bank, 1998: 213 – 236.

[10] RZ Aliber. A Theory of Foreign Direct Investment. The International Corporation, 1970.

[11] Hymmer Stephan. The International Operations of National Firms. MIT Press, 1976.

[12] P. J. Buckley, MC Casson, A Theory of Co-operation in International Business, University of Reading, 1987.

[13] Dunning, John H. International Production and the Multinational Enterprise. London: Allen&Unwin.

[14] Paul Krugman. Increasing Returns and Economic Geography. Journal of Political Economy, 1991, 99(3): 483 – 499.

[15] 鲁明泓:《中国不同地区投资环境评估与比较》,《经济研究》,1994 年第 2 期,第 37 ~ 44 页。

[16] 贺灿飞、陈颖:《港澳地区对中国内地直接投资的区位选择及其空间扩散》,《地理科学》,1997 年第 3 期。

[17]李立心、金润圭:《在华外商不同来源体 FDI 区位因素比较分析》,《中国软件科学》, 2002 年第 7 期,第 89 ~ 94 页。

[18]孙俊:《中国 FDI 地点选择的因素分析》,《经济学(季刊)》,2002 年第 1(3)期,第 687 ~697 页。

[19]杨晓明、田澎、高园:《FDI 区位选择因素研究——对我国三大经济圈及中西部地区的 实证研究》,《财经研究》,2005 年第 31(11)期,第 98 ~ 107 页。

[20]徐康宁、王剑:《外商直接投资地理性聚集的国别效应:江苏例证》,《经济学(季刊)》, 2006 年第 5(3)期,第 761 ~ 775 页。

[21]Jeffrey Frankel, Andrew Rose. Is Trade Good or Bad for the Environment? Sortingout the Causality M. India: Presented, Neemrana, 2003.

[22]Jensen V. The Pollution Haven Hypothesisand the Industrial Flight Hypothesis: Some Perspectives on Theory and Empirics R. Working Paper, Centre for Development and the Environment, University of Oslo, 1996.

[23]Word Bank. Is Globalization Causing a "Race to the Bottom" in Environmental standard? RPREM Economic Policy Group and Development Economics Group, 2000.

[24]Dean. Trade and Environment: A Survey of the Literature [A]. In: Patrick Lowed. International Trade and the Environment. World Bank Discussion Paper 1992.

[25]Stafford H. Environmental Protection and Industrial Location. Annals of the Assocation of American Geographers, 1985, 75(2), 227 – 240.

[26]Wheeler David and Aahoka Mody. International investment location decisions: the case of U. S. firms. Journal of International Economics, 1992, (33) : 57 – 76.

[27]Copeland Brian and M. Scott Taylor. Trade, Growth and the Environmental. NBER Working Paper 2003, No. 9823.

[28]World Bank. Is Gobalization Causing a "Race to the Bottom" in Environment standard? PREM Economic Policy Group and Development Economics Group, 2000.

[29]Levinson A. Environmental Regulations and Manufacturers? Location Choices: Evidence from the Census of Manufacturers. Columbia University, 1994.

[30]List J. A. and Y. C. Co. The Effects of Environmental Regulations on Foreign Direct Investment. Journal of Environmental Economics and Managenment, Vol. 40.

[31]Judith M. Dean and Mary E and Hua Wang. Are Foreign Investors Attracted To Weak Environmental Regulations? – Evaluating the Evidence from China. World Bank Working Paper 2005.

[32]Christer Ljungwall and Martin Linde. Envoronmental Policy and the Location of Forect Investment in China. Peking University Working Paper 2005, No. E2005009.

[33]马丽、刘卫东、刘毅:《外商投资对地区资源环境影响的机制分析》,《中国软科学》,

2003 年第 10 期,第 129~132 页。

[34]杨涛:《环境管制对 FDI 影响的实证分析》,《世界经济研究》,2003 年第 5 期,第 65~
68 页。

[35]吴玉鸣:《环境管制与外商直接投资因果关系的实证分析》,《华东师范大学学报》,
2006 年第 1 期,第 107~111 页。

[36]吴玉鸣:《外商直接投资对环境规制的影响》,《国际贸易问题》,2006 年第 4 期,第 111
~116 页。

[37]熊鹰、徐翔:《环境管制对中国外商直接投资的影响——基于面板数据模型的实证分
析》,《经济评论》,2007 年第 2 期,第 122~124 页。

[38]杨海生、贾佳等:《贸易、外商直接投资、经济增长与环境污染》,《中国人口资源与环
境》,2005 年第 3 期,第 99~103 页。

[39]李国柱:《外商直接投资与环境污染的因果关系检验》,《贸易与环境》,2007 年第 7
期,第 105~109 页。

[40]綦建红、鞠磊:《环境管制与外资区位分布的实证分析——基于中国 1985~2004 年数
据的协整分析与格兰杰因果检验》,《财贸研究》,2007 年第 3 期,第 10~15 页。

[41]保罗·R. 伯特尼、罗伯特·N. 史蒂文斯:《环境保护的公共政策》,上海人民出版社
2004 年版。

[42]MacDougall, G. D. A. "The Benefits and Costs of Private Investment from Abroad : A Theo-
retical pproach", Economic Record, 1960(36) : 13−35.

[43]Click, Reid W. and Coval, JoAhua D. The Theory and Practice of International Financial
Management. 北京大学出版社,2002。

[44]James H. Stock and Mark W. Watson. Introduction to Econometrics. Dongbei University of
Finance & Economics Press, 2005: 32−152.

[45]许罗丹、谭卫红:《外商直接投资聚集效应在我国的实证分析》,《管理世界》,2003 年
第 7 期,第 38~44 页。

第八章 中国引资的战略调整
目标与政策设计方案

第一节 我国引资的战略调整目标

上述研究说明,20多年的改革开放使我国在引进外资方面取得了巨大的成就,但随着我国经济发展和国内外形势的变化,当前我国引进外资面临着提高引资效率和促进经济可持续发展的严峻考验,如何解决这些问题成为未来相当长时期内我国引资战略必须确认的首要任务。国家发改委发布的《利用外资"十一五"规划》中明确提出了"十一五"期间我国利用外资的总体战略目标:"进一步推动利用外资从'量'到'质'的根本转变,使利用外资的重点从弥补资金、外汇不足切实转到引进先进技术、管理经验和高素质人才上,更加注重生态建设、环境保护、资源能源节约与综合利用。通过引进国外先进技术和管理,发挥外资企业对国内企业的引导、辐射作用,促进我国集成创新能力和引进消化吸收再创新能力的提高;努力实现外商投资从简单的加工、装配和低水平生产制造层次进一步向研究开发、高端设计、现代流通等新领域拓展,推动我国成为世界高附加值产品的制造基地之一;较大程度提高服务业对外开放水平;显著提高中西部地区和东北地区等老工业基地利用外资的规模、质量和水平,进一步增强东部地区经济国际化程度和国际竞争力;积极、合理、高效地使用国外优惠贷款,更加注重贷款使用的质量与效益;加强对外债结构和使用方向的调控,严格防范外债风险;利用外资总规模要在'十五'基础上保持平稳增长;到2010年,利用外资的管理体制更加合理有效,利用外资与国内经济社会发展更加协调。"

以上引资的总体战略目标概括地说,就是要实现外资增长方式的转变,提高外资利用效率,缓解资源约束,减少污染,在实现外资结构合理化基础上使其大力促进我国技术进步和经济发展。

第二节　我国引资政策的方案设计

为了解决现阶段我国在引进外资中存在的矛盾,达到"十一五"时期引资的总体战略目标,必须对引资政策进行进一步调整以及明确。本章将从技术转移政策、区域投向政策、产业发展政策以及环境保护政策四个方面综合设计"十一五"时期我国引资政策目标。

一、促进建立更加开放的自主创新体系

世界经济的发展历程证明,科学技术是一个国家经济发展最关键的因素,发达国家经济起步的动力就是其创新科技。而对于发展中国家而言,由于自身创新能力的限制,技术创新主要来源于后发优势,来源于利用与发达国家的技术差距,通过技术引进,学习和使用发达国家的先进技术及有关实践,在此基础上培育出自身的自主创新体系,从而提高国民经济劳动生产率,而引进外资特别是外商直接投资就是实现这种国际技术转移的重要渠道。通过外商直接投资不但可以把跨国公司的资本、机器设备、技术技能、管理经验、经营理念等带入东道国,而且跨国公司还能为东道国的其他部门带来如产业关联效应、人力资本效应等方面的外部效益。然而,虽然从理论上外商投资对提高发展中国家自主创新能力具有极大的促进作用,但从前面的分析中可以看出,这种积极作用在我国引资实践中并没能很好地发挥出来,主要存在以下几个问题:第一,通过利用外资引进的先进技术在数量上偏低,整体上对提高我国的科技水平影响小;第二,通过利用外资引进的先进技术在质量上偏低,获得的很多是在发达国家已经淘汰的技术;第三,核心技术仍掌握在跨国公司手中,我国企业获得的只是附加值低的部分,造成大部分利润流失;第四,内外资企业的联动效应不强,外资的技术溢出效果不明显。

上述问题的存在一方面是由于发达国家因意识形态等原因对向我国转移先进技术进行严格的控制,另一方面则是因为我国引资的技术创新政策导向力度不够。对此,本章认为应从以下几方面着手:

首先,鼓励跨国公司在我国建研发中心,加强与外资研发机构的合作。通过政策设计进一步鼓励跨国公司在我国建立高水平的研发中心,直接进行技术输出,这对我国的科技发展具有重要的推动作用。这方面的政策重点是:对

在我国建立高水平研发中心的跨国公司给予税收、利息优惠；国家对在华建立、产品在华应用的中外合作技术研发中心拨发科研经费；逐步放宽对跨国公司研发投资的严格管制。

其次，营造更具竞争性的市场和政策环境，诱导外资技术转移。只要保持足够强的市场竞争性，跨国公司就会出于竞争需要加大技术转移，以巩固其在我国的市场占有率。因此，在同一领域的招商引资过程中，政府应尽量引进多方外资，使之形成强劲的竞争关系以促进跨国公司技术转移。

再次，取消外资超国民待遇，统一内外资政策。外资的超国民待遇是国内企业不敢外资企业竞争的原因之一，也进一步导致了国内企业无法承接跨国公司的技术转移。因此，需要统一内外资政策，创造公平的内外资竞争环境，取消不符合国民待遇的政策措施，并且在外资进入的领域降低民间资本的进入门槛。

最后，增强我国企业的消化能力，主动吸收跨国公司的技术溢出。技术溢出不是自动的过程，国内企业的消化吸收能力是影响 FDI 技术溢出的重要因素，只有吸收能力强的东道国企业才能从 FDI 的技术溢出中真正受益，培育出自己的研发能力。这方面的政策重点是：鼓励有实力的国内研发企业强强联合，进一步达到与跨国公司接近的技术水平；鼓励高校、科研所、企业与跨国公司研发部门合作；加大对中小型科技企业的扶持，并对其有突破的科技创新项目实行奖励等。

二、引资区域投向引导政策

利用外资在不同的地区对经济的发展具有不同的作用，而这种作用不断的累积循环，在一定程度上加剧了地区间的差距。如本章在上文所述，我国中西部地区经济发展与东部地区的差异，从某种程度上来讲，主要体现在利用外资的差距上。首先，在利用外资绝对数量上呈现出明显的"东多西少"；其次，从利用外资的效果来看，东部地区引资对技术、就业等各方面的影响都明显优于中西部地区。而这种引资地区差距存在及扩大的主要原因有：首先，改革开放后，我国"先沿海后内陆"的整体区域经济发展战略是引资出现地区差距的主要背景；其次，东部地区优越的地理交通是其吸引外资的天然条件；第三，外商投资的聚集效应使得东中西部地区引资差距扩大化。

为防止东部、中部和西部地区三大经济带之间的引资差距将进一步拉大，必须对引资的区域投向进行政策引导:第一,明确区域经济发展政策,促进区域经济协调发展。东部沿海地区要继续发挥经济外向程度高和资金、人才、技术、区位、配套能力等多方面优势,率先实现利用外资由"量"到"质"的转变,努力提高自主创新能力,加快实现结构优化升级和增长方式转变,增强可持续发展能力。中西部地区要抓住国际制造业转移和东部沿海地区外资转移的机遇,大力促进外资向中西部地区的梯度转移,努力扩大中西部地区利用外资规模;第二,加大中西部地区吸引外商投资的政策力度。为加快中西部地区外商投资的发展应制定更加有效的政策,降低外商到中西部投资的门槛,不断改善投资环境和产业配套设施,并对在中西部地区投资的外企给予比东部地区更加优惠的待遇;第三,准确定位各地的比较优势,并以此促进地方产业集群的培育。各地区在吸引外资并进行相关政策调整时应该对本地地区的比较优势有准确的定位,应该围绕本地区的优势资源来吸引相关产业的跨国投资,并在此基础上形成一批具有外部效应的产业群,推动当地经济的发展。

三、引资产业投向引导政策

发达国家的经验表明,当经济发展到一定阶段,第三产业在整个国民经济中所占的比重会逐步增加,而第一、二产业的比重会逐步降低。20 世纪 90 年代以来,国际直接投资的主要领域也转向以服务业为主的第三产业,由原来主要集中在制造业转向金融、保险、电讯等服务业领域,服务领域内的 FDI 得到迅速发展,目前,从全球范围来看,流向服务领域的 FDI 占全球 FDI 的 60% ~ 70%,其中大部分是流向电信、金融等现代服务业。但我国却没能顺应这种世界潮流,外商投资在我国的产业布局存在严重的结构失衡,我国 60% ~70%的 FDI 集中在制造业,而不是服务业。这种引资产业结构失衡的存在主要源于我国在对外开放的产业引导方面存在结构失衡,制造业的开放程度高,并且还能获得优惠措施,但对服务业的开放却一直持谨慎态度,虽然在金融、保险、运输等多数服务业领域已开始有条件地开放,但仍存在较多的限制,使得外资投资我国服务业存在一定的障碍。这不仅不利于我国利用外资的稳定增长,更不利于我国产业结构的升级转换。使服务业利用外资成为未来外资经济成长的重要增长点,不仅有利于提高我国利用外资的水平,而且也有利于解决现阶段我国经济增长过程中存在的就业压力、服务贸易比较优势下降、产业结构失衡等矛盾。因此,必须进一步扩大外商投资领域,加快服务业对外开放的步伐。首先,对电信、银行、保险等我国在入世时承诺开放的服务领域,按照相关时间表及时开放甚至提前开放;其次,对教育、卫生、社会保障等服务领域,必须打破行政垄断,引入竞争机制,多元化引进投资主体,促进其发展;再次,加快现代服务业的发展,优化服务业结构,提升服务业水平,营造良好的服务业引资环境。

四、引资的税收政策选择

(一)我国引进外资的税收调控着力点的选择

在调控着力点的选择上,应选择三个环节进行重点调控:(1)境外投资者选择税收政策应体现战略投资者的身份要求,防止国内企业盲目引进,从投资者普惠的税收政策向战略投资者倾斜,使我国对国际知名战略投资者更具有吸引力。(2)投资行为,税收政策应体现并确保境外战略投资者行为与我国经济发展需要紧密结合,从投资者的领域选择、投资伙伴关系、投资期限上促进境外战略投资者的战略作用发挥。(3)投资效果,税收政策应体现投资业绩以及投资利润的处置方式,使税收政策成为提高外国直接投资效益和解决引资过程中可能会发生问题的一个重要政策工具。

(二)我国引进外资的税收政策选择

1. 建立境外战略投资者甄别的税收政策

在境外战略投资者中,除了一些是真正希望实现产业转移与发展的投资者以外,也存在为了上市套现的投资者和赚取汇率变动收益的基金。他们具有一定的投机性,不符合我国引进的意图。当国内企业对他们加以区分比较困难时容易产生引入的盲目性。因此,税收政策应体现投资者的甄别机制。目前我国现有针对引进外资的税收政策在这方面的功能相当有限,很大程度上只局限于引资的本身,无法体现"选资"的需要,也就是说对投资者的身份并没有做到明确的区别。为了切实引进我们所希望的境外战略投资者。在明确界定境外战略投资者的基础上,应建立境外战略投资者的遴选标准,并且在优惠条件上体现出来,针对战略投资者和一般投资者采用有差别的税收待遇。遴选标准应考虑投资者的国际声誉、品牌知名度、投资前5年或3年的市场开拓能力和财务状况、投资与被投资企业的业务紧密度等因素,切忌只有单一的投资额标准。

2. 建立体现投资业绩要求的税收政策

为使外资发挥的效用最大化,许多国家要求外国投资者在东道国的经营要达到特定目标,并将这种"业绩要求"与贸易政策、审议机制等其他政策工具一起应用,以达到各种不同的发展目的。根据我国的经济发展目标和投资战略目标,在税收鼓励政策的制定中,应将优惠条件的给予与其实际达到的业绩结合起来,重点考虑就业机会的创造、地区的均衡发展、行业和企业发展的扩散效应、技术的转让和提升以及产品附加值提高,引导境外战略投资者在获得投资收益的同时,真正为我国经济发展服务,实现双赢。

3. 建立科学培育项目载体的税收政策

我国已制定了《外商投资产业指导目录》和《指导外商投资方向暂行规定》等外商投资的产业政策,但在具体实施上,还需加强与税收政策等方面的配套与协调,不断推动我国产业结构的调整与升级。在引进和培育境外战略投资项目载体时,税收政策应有所作为。目前在我国针对外资的产业税收政策中,"生产性标准"是优惠政策的基本分界,使得我国制造业在引进外国直接投资上占主导地位。随着战略投资者概念的引入以及我们在其他行业领域的逐步放开,税收上的"生产性标准"将有弱化趋势,实际应用标准必然要体现到提高企业竞争力上来。因此,在坚持国家产业政策导向的基础上,相应调整我国的税收政策导向,从科学培育项目载体的目标出发,利用境外战略投资者在管理、技术、品牌等方面的优势,通过产业的关联效应,培育一批示范性强的项目载体。使我国的涉外投资税收政策无论是在制造业,还是其他急需改造和发展的行业,无论是在劳动密集型行业,还是资本密集型和知识密集型行业,都有一定的适用性。对于具有战略意义的风险投资也应作为引进境外战略投资者过程中的项目载体培育对象,完善风险投资税收政策。对于一般加工业和简单制造业应排除在境外战略投资者引入的范围之列而免予优惠,限制外国淘汰产业、高消耗型产业以及破坏和恶化我国自然环境的产业进入,防止境外战略投资者可能对中国产业目标的负面影响。

4. 建立投资行为良性循环发展的税收政策

投资或持股的期限在很大程度上体现投资者的目标差异,战略投资者的投资期应成为享受税收优惠政策的重要前提之一。为了体现税收政策上的这一考虑,我国税优惠环节的选择应从目前的企业设立环节向后推移,在达到所要求的期限后开始享受税收优惠。投资期越长,税收政策优惠力度越大,使投资者的投资行为朝长期化发展。同时,应强化再投资退税政策的运用力度运用领域,鼓励投资者用于再投资,而不将利润迅速汇回母国,从而建立一种投资东道国良性循环发展的机制,以保障我国经济安全。

5. 建立优惠手段科学合理的税收优惠政策

引进境外战略投资者的税收优惠政策并不是简单地在原有优惠政策上增加优惠内容,而是在审视原有优惠政策的基础上,以境外战略投资者为导向,对税收优惠政予以重构。因此,在税收政策的运用中。无论在哪个环节采取何种税收政策,都必须注税收优惠手段的效率性。其包括两方面含义:一是税收优惠手段本身的效率性;二是税收优惠手段对经济行为调控的效率性。前者要求我们以最少的税式支出成本达到受惠者的投资成本降低,后者则要求提高战略投资者行为对优惠手段的反应灵敏性。在税收政策的运用中,我们应掌握跨国公司投资最新特点及投资选择等。了解跨国公司投资决策的运作特点。明确自身在吸引跨国公投资方面所具有的优势和存在的不足,以最少的成本付出来提高引资的效率和成功率。此外,应加强对投资国税制的研究,避免税收调控效应在国际税制差异的影响下被抵消。

五、引资的环境保护政策

经济社会与资源环境的协调发展是可持续发展的基本要求。然而,改革开放以来,伴随着外资的进入,跨国公司也将高消耗、高污染的产业移入了我国,一定程度上造成了资源与环境的破坏。尤其一些地方政府及领导盲目追求招商引资的"政绩",重引资数量而忽视引资质量和环境污染,以放松环境管制来达到引进外资的目的,对生态环境破坏巨大。这种情况的出现,一方面固然是由于发达国家故意借助向外投资进行污染转移,另一方面则是由于我国过去只重量不重质的不合理外资政策。为建设资源节约型、环境友好型社会,保证引资政策与科学发展观及可持续发展目标的一致性,当前亟须强化环境保护的利用外资政策导向,严格限制低水平、高消耗、高污染的外资项目。制定完善外商投资项目的资源消耗和环境标准,严格禁止引进那些严重污染环境而又无有效治理措施的项目、工艺和设备;加强对包括外商投资企业在内的各类企业环境保护监管,加大执法力度,实行清洁生产审核、环境标识和环境认证制度;鼓励通过利用外资引入先进适用的、有效节能降耗的环保工艺、技术和设备;加快发展中西部地区的生态环境建设,鼓励外商投资中西部地区的生物质能源转化和清洁能源等项目;鼓励外资投向消耗低、污染少的现代服务业;加大调控力度,制止地方政府不计成本的引资冲动,避免以牺牲环境为代价的招商引资;鼓励外资通过并购方式进入我国,有效利用我国现有资源与设备,避免绿地投资带来的更多环境污染。

后　记

本书是国家软科学研究计划项目《"十一五"时期中国引资战略与政策调整研究》(2006DGSIK012—10)最终研究成果,是湖南省财政厅资助课题《中国涉外税收政策研究》研究成果,也是教育部新世纪优秀人才支持计划项目阶段性研究成果。部分研究成果已在《财政研究》、《中国软科学》、《求索》、《财经理论与实践》、《湖南大学学报(社会科学版)》等学术刊物上发表,部分内容也是课题组成员学位论文的构成部分。

本书研究思路由刘建民、刘志忠、陈果研讨提出后,组织了课题组成员赴省内外实地调查,深入政府、外资企业等部门进行调研,搜集第一手可靠资料,了解我国现阶段引资工作的基本状况、遇到的困难、出现的新问题和新动向以及引资政策具体实施的现状与效果,听取各界的意见和要求。在此基础上,课题组进一步集体讨论研究提纲,并分工撰写各章初稿。具体各章初稿写作者如下,第一章由刘志忠、陈果、张超撰写;第二章由王欣阳、周庭芳、龚慧撰写;第三章由刘志忠、陈果、张阳撰写;第四章由刘建民、贺彩银、周庭芳撰写;第五章由何桂英、刘志忠、龚慧撰写;第六章由刘建民、劳辉、张华撰写;第七、八章由刘建民、刘志忠、陈果撰写。

本书初稿完成后,多次召开研讨会和座谈会,收集并听取相关专家的意见,对本书初稿进行总结、补充和修改。整理协调各部分的研究内容,集中统一意见,在反复修改完善的基础上,由刘建民、刘志忠、陈果进行了统稿,刘建民对全书作最后审定。

课题研究以及本书出版的顺利进行,得到了许多朋友的关心和支持,特别要感谢人民出版社的李春林先生,是他诚挚的帮助使本书最终得以付梓。在此向所有曾经给予我们帮助的朋友们表示衷心的感谢。需要指出的是,由于作者学识浅薄,本书的错误在所难免,恳请各位专家、读者批评指正。

刘 建 民

2008 年 8 月于长沙市·石佳冲

责任编辑:李春林
封面设计:肖　辉
版式设计:程凤琴
责任校对:吕　飞

图书在版编目(CIP)数据

中国引进外资经济效应实证分析/刘建民等　著.
-北京:人民出版社,2008.12
ISBN 978 - 7 - 01 - 007580 - 8

Ⅰ. 中… 　Ⅱ. 刘… 　Ⅲ. 外资利用-研究-中国 　Ⅳ. F832.6

中国版本图书馆 CIP 数据核字(2008)第 203217 号

中国引进外资经济效应实证分析
ZHONGGUO YINJIN WAIZI JINGJI XIAOYING SHIZHENG FENXI

刘建民等　著

人民出版社 出版发行
(100706　北京朝阳门内大街 166 号)

北京新魏印刷厂印刷　新华书店经销

2008 年 12 月第 1 版　2008 年 12 月北京第 1 次印刷
开本:710 毫米×1000 毫米 1/16　印张:11.75
字数:193 千字　印数:0,001-3,000 册

ISBN 978 - 7 - 01 - 007580 - 8　定价:28.00 元

邮购地址 100706　北京朝阳门内大街 166 号
人民东方图书销售中心　电话 (010)65250042　65289539